中国第一部立体成语词典

★第一卷

中国成语印谱

杨桂臣 编著

辽宁教育出版社

图书在版编目（C I P）数据

中国成语印谱 / 杨桂臣编著. -- 沈阳 ：辽宁教育出版社，2010.4
ISBN 978-7-5382-8766-0

Ⅰ. ①中… Ⅱ. ①杨… Ⅲ. ①汉字—印谱—中国—现代 Ⅳ. ①J292.47

中国版本图书馆CIP数据核字(2010)第053352号

辽宁教育出版社出版、发行
（沈阳市和平区十一纬路25号 邮政编码：110003）
东煤地质局沈阳印刷厂印刷

开本：787毫米×1092毫米 1/16 字数：900千字 印张：90
印数：1-5000册
2010年4月第1版 2010年4月第1次印刷

责任编辑：王 宾 责任校对：王恒霖 张金龙
封面设计：张 颖 版式设计：张 瑞

ISBN 978-7-5382-8766-0
定价：688.00元

质量服务承诺：如发现缺页、错页、倒装等印装质量问题，可直接向印刷厂调换。 服务电话：024-24803931

序

也许，我与杨桂臣先生在人生命运上有某些相似之处，我们的父辈都是当兵的，上一代拿枪杆子闹革命的遗传基因，到了我们这一代，在红旗下却不约而同地拿起了笔杆子。所不同的是，给黑暗送来光明的是前辈的血，而至今传导着的是我们灵魂上那种炽热的墨。杨桂臣先生现在从事的工作比较接近父辈的行当，他选准了用“刀”来书写，以石为纸，在锋利的刃与坚硬的石之间，他挥“刀”上阵，亮剑般地进入了一种人书俱“老”的辉煌境界之中。他的“宝刀”现在依然寒光闪闪，或是“悬崖坠石，急雨旋风之势”，或是“流水潺潺，与物为春之态”；或是探幽索隐，或是登峰造极；或是神妙秋毫，或是心随天籁；或是披沙拣金，或是镂月裁云；或是大璞不琢，或是至言去言；或是会古通今，或是空纳万境。他在这小小的方寸之间，咫尺之地，左劈右砍，将人生的无聊部分从生命中彻底地剔尽。于细微之处，于人的生存和时代的夹角处，从容地楔入了他的寂寞、忧伤、记忆，以及希望、幸福、快乐。

杨桂臣先生的篆刻道路，有幸受到启功、刘海粟、张望、杨仁凯等老师的垂青和精心辅导。他研究篆刻30余年，翻阅有关篆刻资料、成语词典上百余册，自制大小刻刀40余把，寿山石、巴林石、青田石、昌化石、鸡血石、和田玉、昆仑玉、岫岩玉等中华名石上镌刻着他的印迹。红木、橡木、椴木、黄花梨等名贵木材上，留下了他精心设计的心血。6000方印的制成，他使用了3吨多成品石料和部分的奇珍木料，废弃了200余支毛笔，付出了青春年华，熬过了9125个日日夜夜，他凭着灵魂中的火，肝胆中的血，骨子里的硬，梦境里的雨，岁月中的灯，在120米的长卷上，用甲骨文、金文、篆籀、小篆、六书、古老子书等流变书体，篆刻出6000方成语印章，在新中国华诞60周年的喜庆时刻，为祖国母亲献上了一份深情的厚礼。

说到篆刻，很多人头脑中都会浮现出2008北京奥运会的标记。其原因是它运用了中国传统艺术篆刻的形式，具有典型的民

族风格、民族气派。作者把一个奔跑的“人”的形象，转化为类似汉字“京”的形式，因为它不是“京”字，所以它能充分表现奔跑者的动作特征，因为它像“京”字，所以它能与印章的形式协调一致。因而，具有“一形双关”之妙。这就是中国篆刻艺术的魅力。

中国有句古话，叫作“修道悟真”，从个体生命意识中与日常经验束缚中的解脱与超升，追求心师造化，神之所畅，无不表明以纯净的胸襟来囊括平淡、清逸、柔曲、纯一的创作心理需求。但因困难不断掩盖勤奋，不断掩盖激情，不断掩盖深邃，不断掩盖量变，不但得“道”难，悟“真”更难。就中国成语来说，其“道”中的气脉幽深，彰往察来，钩深致远，用心若镜的文化底蕴，以及埋藏在成语中的这些感知方式、诗意境界、图式意象、智言睿语，是中华民族思想光芒的反射。它与相应的文化环境、社会生活是息息相关的。那么如何走近这一思接千载之“道”呢？杨桂臣先生似乎悟出了一个方向性的问题。于是，他以简练、古朴、雅拙的刀笔风格，在线条、速度、运动的节律中，找到了抵达人类精神意识之渊底的契合层面，应合了我们先哲所说的，真正的艺术和艺术家的活动，应该是沟通宇宙意识而来的生命情调，即中国文化思想的总根源“天人合一”。

我觉得，杨桂臣先生的可贵之处在于：由生命意味到生活意义，到生命的存在境界，他都寄予于刀和石，并将大美作为一种精神的必需之物进入到他的意识空间，把方寸之地作为性灵的拓展之地，借助于物象的本真，淋漓痛快地与自己的内心世界进行着对话。他不仅要去读万卷书，行万里路，而且还要胸中脱去尘浊。中国美学是出发于“人物品藻”的美学，一切对美的评说都归结于对人格美的评赏，“君子比德于玉”就是这个道理。我发现在艺术品格与人之品格中，无不渗透着杨桂臣先生的气质、才思、境界、品位和情致。我见过他许多刚刚刻完的印章，其金石在“刀劈斧削”之后，很多是刚硬瘦挺，以示骨气不屈，其阳刚之势皆“容止动作发乎心气”。并且从中可以看出他刀锋下那种“飞矢不动”的审美效果，即从线上看是飞动的，而从每一个点

上看又是静止的，这里所反映出来的哲学内涵，体现出他作为一个艺术家的审美精神与审美情感，辐射着中国艺术之魂。同时，也是他从书写向书法过渡的一次重要的展示。

印章一道，始于殷商，兴于秦汉、盛于明清。作为篆刻艺术欣赏，它集中表现了中国书法、印学学理、特殊的材质等诸多内容。概括地讲，章法、书法、刀法等是创作篆刻作品的关键。

就章法而言，杨桂臣先生的印章给人一种新颖感及和谐感。所谓新颖感就是“刀笔之外而另有别趣”，表现在他的章法上是随机组合，因势利导。如：“一朝一夕”一印，他采用了回文处理的方法，造成对角疏密对称，于自然繁简之中，左右逢源，无不顾盼有情，断而欲连，连而更断，遥相呼应。且整个印章开阖自如，平添了一层可爱的自然情趣。所谓和谐感就是“刀法浑融，无迹可寻”，如：“自信不疑”一印，下刀痛快淋漓，我们可以看出他在追求汉印传统中所作的探索和努力。这里，四周击边之法的破损处，既有人工的所谓“意”，但却任意斑驳，使意趣古拙淳朴，似无意而实有情，使人看不出人工的“痕迹”。这正是庄子所主张的“既雕既琢，复归于朴”的过程。又如“电光石火”这一方是以甲骨文入印，“电”和“火”相对，形象生动，四字各占空间四分之一，用刀挺健，干净利落，似闪电和燧石之火，转瞬即逝，甚得古拙之趣，更见甲骨文神韵。因此，我们从他的印章中，可以了解到他的艺术追求是在关心艺术的生成性，在创造新的感觉和新的体验过程中，自然而然地将日常生活上的种种法则、束缚、利害关系等压抑，彻底地解放了出来。

从他印章的书法上看，我觉得他留下的书法线条，给了我们无穷感受。直线坚挺，横线平静，斜线飘动、曲线委婉、残线苍老。如“笑容可掬”一印，运用古文字，依类象形，均衡对称，其“体态”不仅堂皇大度，圆阔奔放，而且又雄强浑厚，朴茂自然。“起死回生”一印，运用金文，字体凝重，行笔方整，在欹侧的结构和丰腴厚实的曲线中，反映出西周人敦厚、质朴风度的时代书风。“大兴土木”、“悬崖勒马”二印，运用的是古老字体和六书体，既状物又抒情，方圆适度，兼备抽象模拟的造型和抒发情感的表现。“心花怒放”、“势如破竹”、“节衣缩食”

三印，运用小篆、大篆，用笔似锥画沙，劲如屈铁，体态狭长，平稳端宁，具有庙堂之气。他的篆刻的文字又显示出一种结构之美。长结构有耸然之感；扁结构有凝重之感；正结构有端正之感；欹结构有险绝之感；圆结构有转动之感，表现了他具有较高的书写与奏刀能力。

我们再从他的刀法技巧上看，冲刀、切刀是他的拿手好戏。冲刀是刀角着石往前冲，切刀是刀刃着石往下切。他的篆刻作品，无论朱白分布，还是文字结构与整个印文都是会意贯通的。他善于在字体间架的挪位、越位，边旁部首上夸张雕琢，并结合笔画的粗细、大小的对比，加之刀法冲、切、披的灵活运用，使得他刀下风姿从容不迫，显示出他高超的掌控能力，可以说“昆刀截玉露泥痕”那种秦汉人敢于创新的刻印精神，在杨桂臣先生身上有所发扬和光大。

朱简（约生于1570年，卒年不详）在他的《印章要论》中指出了篆刻中的“五病”，即：“学无渊源，偏旁凑合，篆病也；不知运笔，依样描补，笔病也；转折峭露，轻重失宜，刀病也；专攻乏趣，放浪脱形，章病也；心手相乖，因变苟完，意病也。” 杨桂臣先生从篆学的内部问题出发，以发展的眼光去扫描历代篆刻名家所归纳总结出的经验，从中探索出一些时代性的、合理性的、创新性的东西。因而他的印章质量没有沉陷在一种成规与习惯之中，而是带有一种哲学式的心，艺术式的性、宗教式的魂。他不是把探索的目光投注在“影子的影子”之上，而是从传统的盐碱地里走出来，对板结了的旧章法、旧书法、旧刀法，作出了根本性的损益，从而赢得了自己的时间、精力、希望和独创，这是他艺术生命中的一道曙光，也是他本人不可缺失的文化精神激素。

杨桂臣先生是一个不为生计而考虑的篆刻家。文、史、哲、音乐、绘画，书法等，他都有较深的研究。特别是篆书，在学术上已上升到了一定的高度。他在不断提高学养的同时，正一步步向着学者型的篆刻家行列迈进。20世纪40年代有一位在西南联大教书的先生，他的一句话对我启发很大，有学生问：“如何能写好作文？”他说：“你只要记住5个字就行了！即观世音菩

萨！”也就是说，“观”是强调用眼睛观察事物，“世”是世间的道理，“音”是写出的文章要讲求韵律，“菩萨”即要有一颗爱心。杨桂臣先生不正是把“观世音菩萨”放在了心中最神圣的位置，而坚守在篆刻这一阵地的精神贵族吗？他在对篆刻这门艺术可贵的研究与挖掘中，摒弃了当代物欲横流的俗气和铜臭，在寂寞难耐的困难日子里，确乎付出了巨大的努力，确乎活得很实在、很坚挺。他不断向着神性吁请，以自己的虔诚恭迎着神性的归来。他现在所得到的这种“神性”，就是从个人的小悲喜、小情调中径直地走出来，向着人生最真实、最纯粹的一种终极实在迸发。

明清以来的篆刻大家，如邓石如、吴熙载、吴昌硕、黄士陵、齐白石等，他们都留下了许多个性符号非常明显的经典印作，不但为文化创造了奇观，而且也创造了篆刻文化的质量。邓石如的魄力雄强、刚健婀娜；吴熙载的气象骏迈、质而不滞；吴昌硕的古拙浑厚、苍劲郁勃；黄士陵的泼辣挺劲、峻峭古丽；齐白石的纵横平直，不加修饰等艺术风格的形成，无不与他们的人生命运相联系、相作用。文化是娇嫩的，如果失去了国家的保护和弘扬，以及每个人文化力量的集结，那它就是软弱的。那些为历史需要而满足需要的人，一定是历史的超度者和心灵世界的幸运子。而杨桂臣先生正是这些大师们精神引领下的一个优秀的学生。我觉得，绘画、文学、音乐、书法、篆刻等等，都是纠正我们内心情绪，滋养我们心灵的一个非常重要的学科。一个人有一个健康的心态，知道事情的前因后果，知道仁、义、礼、智、信等思想和价值观念，对指导自己生活还是很有好处的。杨桂臣先生认为在今天的社会环境下，这些艺术还是非常有意义的，它是一个经过很长时间承传下来的很深厚的精神矿藏。我们在挖掘自然矿藏的时候，不要忽略把我们内心的精神矿藏挖掘出来，使得我们的精神更丰富一些，使得我们取得快乐的方法更绿色一些。

“观千剑而后识器”，面对这部即将付梓的厚重之著，面对这6000多方印章，引起了我对杨桂臣先生奋斗过程的凝睇、体味和思索。“书如也，如其学、如其才、如其志。总之，如其人而已。”它不禁使我想起先秦文明中，楚国掌握了当时世界上最高

水平的冶金铸造术，能制造巧夺天工的青铜器和千年不腐的青铜剑，楚国工匠对铸造之术迷恋到如醉如痴的程度，费尽心机地设计和制造奇形怪状的青铜器。现在看来，如果窥探工匠的心理，似乎器物的具体用途和主人的要求已退居次要地位，而占据他们心灵的是创造的冲动，就是他们想制造出一件与众不同的、可传后代的无价之宝。而杨桂臣先生创作又何尝不是如此呢？他刀受情使，法从意出，越刻越奔放不羁，字里行间充溢着当代和谐盛世的勃勃生气，其金石中有索不尽的意趣，捉不尽的神采、赏不尽的风华。可以说，这一鸿篇巨制的完成，也只能出现在这个伟大的时代，也只能出现在像他这样在艺术上能够自我超越，达到自我肯定和社会肯定这一艺术理想之人的手中。由此我想：儒家思想表现在为艺上，认为人应该亲近自然山水，把自己修养成一个既文雅而又朴实的人，然后才能真正做到用“诚”去体会造物的内在精神，并在创作中表现出人性，使作品表现出自然、朴实、文雅的审美面貌以及君子的气度，这样的作品才能起到劝诫的作用。而杨桂臣先生就是这样的一个人，他选择的是中华千年文化精华之一的“成语”，花了25年的“诚”把“扁平”状的成语，变成了立体状的“成语”，其“儒家刚健有为，崇德利用”的文化意识，成为了他内心的自觉要求，其豪放乐观、顽强自信的性格，开拓进取、不惧险阻的精神，堪称艺术大家所具有的气派。

最后，我想说杨桂臣先生的成功，给了我们诸多的启示：

中国现代艺术，从目前看具有原创意义的创作还很少，中国经济繁荣，为让世界了解中国五千年灿烂的文明，奠定了开放的基础。因此，艺术创作和文化的传播必须迅速国际化，应该用国人的文化成就，把作为人类一支历史悠久，成果辉煌的中华文化宣传出去，为中华民族文化发展与传承做出自己的贡献。《中国成语印谱》的出版，弥补了国内文化创作在这个领域的空白，具有开创性、原创性的意义。

“诗、书、画、印”这一中国独特的“四绝”，虽然不同于历史学、文物学和思想史，但它们却是有特定意义的精神产品或造型艺术，传递着中国博大精深的文化内涵，不仅能扩大人们的

文化视野，而且也能够通过对艺术的审美价值和人生意义的感受，加深对中国文化遗产独特魅力的认识。那些渗透在我们民族的生活、习性与意识之中的文化，在一定程度上，反映着时代精神和人们的心理结构，所以多了解，多体会，多研究，多传播这些文化，当代社会就会在和谐文化的主旋律中，变得更和谐，更有力量。《中国成语印谱》的出版，从一个侧面反映了一个时代文化的繁荣，同时，也证明了作者对传统文化的热爱，精神品质的投射，以及对文化责任的担当。

作为中国特有的印章艺术，它的传承、流变、发展、成果，对大多数中国人来说，了解的还不多。特别是针对作为印章艺术载体的甲骨文、金文、籀文、大篆、铭文、石鼓文，以及小篆、汉隶、草书、行书、楷书等书体，我们还要像本书作者那样，用自己的热血和劳动，辛勤耕耘，有理想、有追求、有境界地普及这些书学与印学的研究，为人们提供交流和借鉴的机会，多出一些知识性与学术性为一体的普及性著作。

中国人有东方的人文精神，有自己的艺术抽象，有深刻的悟性，独特的表达，特别的视角。如果把《中国成语印谱》一书作为一个艺术品，那么，我们可从作者篆刻下的6000方印章中，悟出这样一个道理：做任何事情都要用心去做，而不要局限于用手去做。古代的匠人如此，现代的艺人也是如此。正是源于对精神创造的渴望，源于对一种富有生命力的文化精神的期盼和执着，才有了今天的杨桂臣先生，才有了今天《中国成语印谱》的诞生！可以说，本书作者的精心劳动和价值意义正在于此。

中华民族文化经典的传承与保护，是民族文化深厚积淀的结果和时代的要求。经典有相对稳固和不朽的价值，其中包含着真、善、美和信仰的力量。《中国成语印谱》面世于大众的怀抱，对于了解成语经典的渊深，悟得其真谛，诠释其价值，避免对成语经典的任意颠覆和解构，捍卫自己民族文化的精髓，具有很强的现实意义。

想了解和研究篆刻及印学历史的人或机构，如果不涉及民间创作，仅凭一些公开发表过的篆刻书籍和资料，实际上掌握的也只是冰山一角。同时，对当下篆刻发展作出的判断与结论，也是

带有局限性的。《中国成语印谱》的面世，我们的社会和相关部门，应以《诗经》的精髓“国风”为榜样，不拘一格，以包容性，多元化的原则，并以年鉴的方式载入篆刻及印学的史册。我想，这部巨著对正在创作篆刻的人的激情与活力，对未来篆刻发展走向都有所裨益。

21世纪应该是艺术大师诞生的世纪，或者说这个世纪起码应该会有能够体现世纪高度的传世精品被创造出来。因此，一切热爱民族，热爱祖国，热爱本土文化，热爱新生活的艺术家，和“反映人民最深刻的心灵呼唤和时代最迫切的前进要求的作品”，都是时代需要的。我觉得，对于一个艺术创作者来说，你的生命和激情投入多少，你的思想和艺术高度就会有多高，像杨桂臣先生这样的篆刻艺术家，能够用25年时间潜下心来搞创作，其壮举感人至深，可歌可泣。我们的时代就是需要这种能够倾注作者全部心血的“生命创作”，这是我们当前应该大力倡导的一种意识和精神。同时，这种用“生命创作”的精神，也应该得到全社会的大力弘扬和尊重。

王健二〇〇九年十月十六日写于沈阳三乐斋

说 明

一、本书共六卷。共收集成语约六千余条，其中包括少量的常用熟语。

二、本书为使页面的美观协调，并没有按汉语拼音字母和笔画顺序先后排列。

三、本书每方石章上，有的古汉字中并没有该字，作者按该字的部首、偏旁等特征，采用古汉字相同的部首、偏旁进行了组合使用。

四、在读取本书印章时，大部分采用古人习俗从右读起，也有少部分是从左、上右、上左读起，还有部分是按印面的艺术造型效果穿插读起。

五、本书所有印章上的字体，均采用古人不同时期的古繁体字，只有个别文字采用了现代汉字，请认真比较。

六、本书对于成语（熟语）的出处，一般只引述出现该成语（熟语）的片断，有些成语与原文一样的，有时只注明“语出××”；有些成语（熟语）是根据古书中的某一句话或某一件事概括的，一般用“语本××”形式。

七、因作者对篆刻艺术及“中华成语”意义的理解上还尚欠贯通，难免有些错误，望诸位方家批评指正。

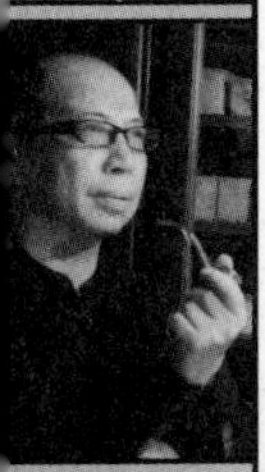

目录

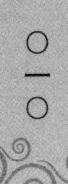

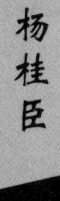

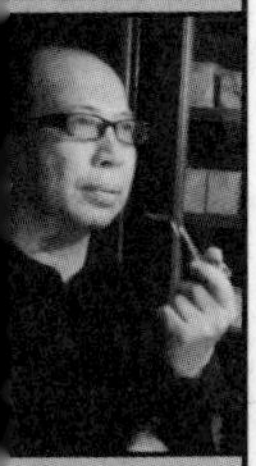

E

F

G

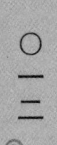

H

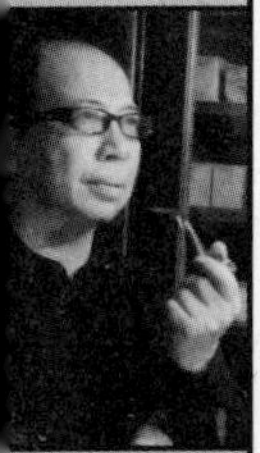

J

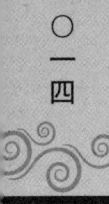

K

L

M

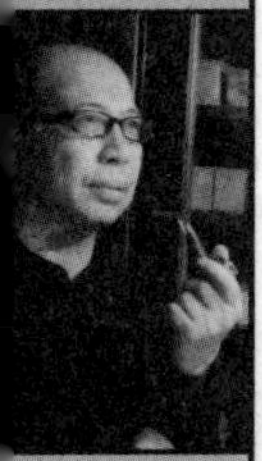

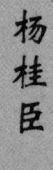

W

X

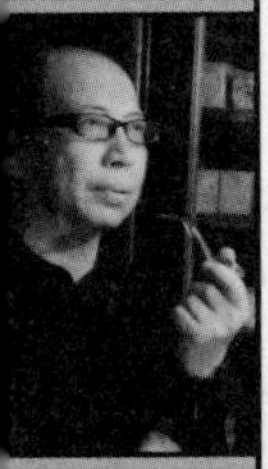

Y

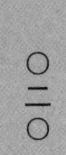

Z

见仁见智		【见仁见智】jiàn rén jiàn zhì 指对同一问题各人从不同角度持不同的看法。《易经·系辞上》："仁者见之谓之仁，智者见之谓之智。"
滥竽充数		【滥竽充数】làn yú chōng shù 滥：与真实不符，引申为蒙混着的意思；竽：一种簧管乐器；充数：凑数。《韩非子·内储说上》里说，齐宣王喜欢听吹竽，每次都要三百人一齐吹奏。有个根本不会吹竽的南郭处士跑来要求加入吹竽的行列，齐宣王很高兴地收下他，给他很多赏赐。后来宣王死了，他的儿子继承王位，却要每个人单独吹给他听，南郭处士只好逃跑了。后来用"滥竽充数"比喻没有本领的人混进来冒充有本领，或以次货冒充好货。
快刀斩乱麻		【快刀斩乱麻】kuài dāo zhǎn luàn má 比喻用果断的办法很快地解决复杂的问题。
来者不拒		【来者不拒】lái zhě bù jù 对于到来的人或物一概不拒绝。语出《孟子·尽心下》。

鼎足之势		【鼎足之势】dǐng zú zhī shì 鼎：古代的炊具，多用青铜制成，一般为圆形，三足两耳，也有方形四足的。比喻三方面分立的局势。《史记·淮阴侯列传》“莫若两利而俱存之，三分天下，鼎足而居。”
古今中外		【古今中外】gǔ jīn zhōng wài 总括时间（过去、现在）和空间（国内、国外）。
栋折榱崩		【栋折榱崩】dòng zhé cuī bēng 榱：椽子。比喻倾覆，多指国家。《左传·襄公三十一年》：“栋折榱崩，侨（公孙侨）将厌（压）焉。”
单枪匹马		【单枪匹马】dān qiāng pǐ mǎ 一个人单身上阵。比喻没有旁人帮助，单独行动。五代·楚·汪遵《乌江》诗：“兵散弓残挫虎威，单枪匹马突重围。”

缓兵之计		【缓兵之计】huǎn bīng zhī jì 缓：延缓。延缓对方进军的一种计策。比喻暂时拖延，使事态缓和，同时积极设法应付的策略。
回光返照		【回光返照】huí guāng fǎn zhào 由于日落时的光线反射，因而天空又短时间地发亮。比喻人将死时神志忽然清醒或短暂的兴奋，也比喻旧事物灭亡前表面上的短暂繁荣。
画地为牢		【画地为牢】huà dì wéi láo 汉·司马迁《报任少卿书》："故有画地为牢，势不可入。"原指在地上画个框框，作为牢狱。后来比喻只许在规定好的范围内活动。
地老天荒		【地老天荒】dì lǎo tiān huāng 形容经过时间的久远。也作"天荒地老"。

恍然大悟		【恍然大悟】huǎng rán dà wù 恍然：猛一下清醒的样子；悟：心里明白。一下子明白觉悟了。也作“豁然大悟”。宋·释道原《景德传灯录·卷五·第三十三祖慧能大师》：“简（道简）蒙指教，豁然大悟。”
轰轰烈烈		【轰轰烈烈】hōng hōng liè liè 轰轰：象声词，指巨大的声音；烈烈：火势旺盛的样子。形容气魄雄伟，声势浩大，不同凡响。
汗流浃背		【汗流浃背】hàn liú jiā bèi 浃：湿透。出汗多，湿透脊背。原来形容万分恐惧或惭愧。现在有时也形容满身大汗。《汉书·杨敞传》：“敞惊惧，不知所言，汗出浃背。”《后汉书·伏皇后纪》：“操（曹操）出顾左右，汗流浃背。”
胡说八道		【胡说八道】hú shuō bā dào 说话不符合事实，或没有道理，瞎说一阵。

地平天成		【地平天成】dì píng tiān chéng 平、成：治平，安定。形容一切就绪。语出《尚书·大禹谟》："地平天成，六府三事见治，万世永赖，时乃功。"
虎背熊腰		【虎背熊腰】hǔ bèi xióng yāo 形容人的身体魁梧健壮。
惶恐不安	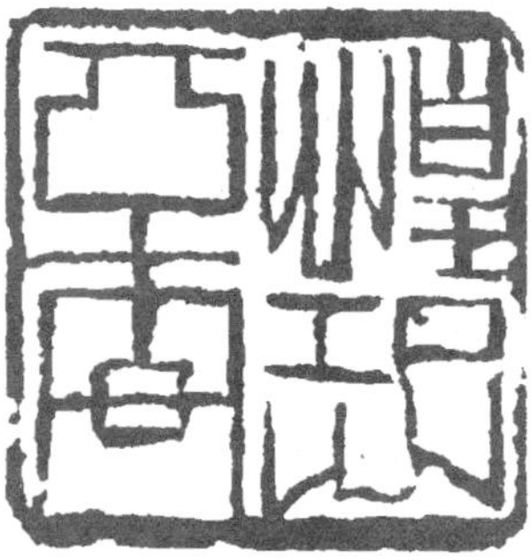	【惶恐不安】huáng kǒng bù ān 惊慌、害怕得不能安宁。
附赘悬疣		【附赘悬疣】fù zhuì xuán yóu 附赘：附生在皮肤上的小肉瘤；悬疣：悬挂着的瘊子。比喻多余无用的东西。语出《庄子·大宗师》："彼以生为附赘悬疣。"

二竖为虐		【二竖为虐】èr shù wéi nüè 竖：小子；虐：侵害。《左传·成公十年》记载，晋景公病重，梦见他的病化成两个孩子在说话，说要躲在膏肓之间来避免医生的药物攻击。后来就叫病魔为“二竖”，并用“二竖为虐”形容被疾病所困。
地角天涯		【地角天涯】dì jiǎo tiān yá 角：突入海中之地；涯：水边，边。地的尽头，天的边际。比喻偏远的地方或相隔很远。南朝·陈·徐陵《徐孝穆集·答族人梁东海太守长孺书》：“燕南赵北，地角天涯，言接末由，但以潸（shān）欷。”
回心转意		【回心转意】huí xīn zhuǎn yì 回：掉转。重新考虑，不再坚持过去的成见或主张。（多指放弃嫌怨，恢复感情）。
无懈可击		【无懈可击】wú xiè kě jī 懈：松懈，破绽，漏洞。没有漏洞可以被攻击，形容十分严密。

知彼知己		【知彼知己】zhī bǐ zhī jǐ 彼：指对方。对自己和敌人的情况都很了解。《孙子·谋攻》："知彼知己，百战不殆。"
置若罔闻		【置若罔闻】zhì ruò wǎng wén 置：搁、放；若：好像；罔：没有。形容听见了不加理睬。
古为今用		【古为今用】gǔ wéi jīn yòng 指批判地继承一切优秀的文化遗产，为人民服务，为社会主义服务。
惊涛骇浪		【惊涛骇浪】jīng tāo hài làng 吓人的大风浪。有时比喻险恶的环境或危险、艰难的考验。

骑虎难下		【骑虎难下】qí hǔ nán xià 《晋书·温峤(qiáo)传》：“今之事势，义无旋踵，骑猛兽安可中下哉！”意思是说，在现在的形势下，不能回转方向，正像骑在猛虎身上，不把老虎打死就不能半途下来。后来就用“骑虎难下”比喻做事遇到困难，但中途停顿又会造成重大损失，因而不得不干下去。
千仇万恨		【千仇万恨】qiān chóu wàn hèn 指数不清的仇恨。
气焰嚣张		【气焰嚣张】qì yàn xiāo zhāng 气焰：气势；嚣张：放肆，猖狂。形容言行放肆，态度猖狂。
千篇一律		【千篇一律】qiān piān yī lǜ 一千篇文章都一个样子。指文章公式化。也比喻按一个格式机械地办事。梁·钟嵘《诗品》：“张公（华）虽复千篇，犹一体耳。”明·王世贞《艺苑卮言》四：“张为称白乐天……千篇一律，诗道未成，慎勿轻看，最能易人心手。”

接踵而来		【接踵而来】jiē zhǒng ér lái　踵：脚后跟。一个跟着一个地来。形容来得多，接连不断。
屡教不改		【屡教不改】lǚ jiào bù gǎi　屡：多次，一次又一次；教：教育。经过多次教育，仍不改正。
苦思冥想		【苦思冥想】kǔ sī míng xiǎng　深沉地思索和想象。
口是心非		【口是心非】kǒu shì xīn fēi　嘴上说的是一套，心里想的又是一套。指心口不一致。汉·桓谭《新论·辩惑》："如非其人，口是而心非者，虽寸断支解，而道犹不出也。"

东施效颦		【东施效颦】dōng shī xiào pín 效：仿效；颦：皱眉头。据《庄子·天运》里说，美女西施因为病了，经常在人面前捂着心口皱眉头。她的邻居中有个丑女见了，觉得那样很好看，回去也学着在人面前捂着胸部皱眉头。人家见了都躲到一边不愿看她。后来人称这个丑女为东施，并且用"东施效颦"比喻不知道人家好在哪里，自己又没有条件而胡乱学样。
定于一尊		【定于一尊】dìng yú yī zūn 尊：指具有最高权威的人。旧时指思想、学术、道德等以一个有最高权威的人做唯一的标准。《史记·秦始皇本纪》："别黑白而定一尊。"
独步一时		【独步一时】dú bù yī shí 形容特别突出，一时无二。《宣和画谱》卷十一："论者谓熙（郭熙）独步一时，虽年老落笔益壮，如随其年貌焉。"
弹丸之地		【弹丸之地】dàn wán zhī dì 弹丸：弹弓所用的泥丸、石丸或铁丸。比喻很小的地方。《史记·平原君虞卿列传》："此弹丸之地弗予，令秦来年复攻王，王得无割其内而媾乎？"

劳而无功		【劳而无功】láo ér wú gōng 花了力气却没有功效。《管子·形势篇》："与不可，强不能，告不知，谓之劳而无功。"
口若悬河		【口若悬河】kǒu ruò xuán hé 说话滔滔不绝，像河水倾泻下来一样。形容能言善辩。南朝·宋·刘义庆《世说新语·赏誉》："王太尉（王衍）云：郭子玄语议如悬河泻水，注而不竭。"
同仇敌忾		【同仇敌忾】tóng chóu dí kài 同仇：一致对付仇敌；忾：怨恨，愤怒；敌忾：对敌人的愤恨。共同一致地对敌人抱着仇恨和愤怒。《诗经·秦风·无衣》："与子同仇。"
来日方长		【来日方长】lái rì fāng cháng 方：正。将来的日子还很长。多用于劝人暂时不要急于从事某一活动。有时被用作不抓紧时间的借口，有时表示展望未来的发展。

殚思极虑		【殚思极虑】dān sī jí lǜ 殚、极：尽；思、虑：心思。形容用尽心思。
刀山火海		【刀山火海】dāo shān huǒ hǎi 比喻极其危险、困难的地方。
东窗事发		【东窗事发】dōng chuāng shì fā 元·刘一清《钱塘遗事·二·东窗事发》载，宋朝秦桧曾和他老婆王氏在东窗下密谋杀害岳飞。桧死后，王氏叫方士招魂，看见秦桧在阴司受刑。桧对方士说："可烦传语夫人，东窗事发矣。"后就用以指罪行被揭露了，阴谋败露。
独木难支		【独木难支】dú mù nán zhī 一根木头支撑不住要倒的大厦。比喻一个人的力量难以维持全局。也作"一木难支"。语本隋·王通《文中子·事君》"大厦将颠，非一木所支也"。

来之不易		【来之不易】lái zhī bù yì 来之：使之来。表示事情的成功或财物的取得不容易。
劳民伤财		【劳民伤财】láo mín shāng cái 既使人民劳苦，又耗费钱财。现指滥用人力物力。
狼烟四起		【狼烟四起】láng yān sì qǐ 狼烟：就是烽火，古代边境遇有外敌入侵就烧狼粪报警。形容到处都有战争或国内动荡不安的景象。
惊心动魄		【惊心动魄】jīng xīn dòng pò 南朝·梁·钟嵘《诗品》卷上：“文温以丽，意悲而远，惊心动魄，可谓几乎一字千金。”原来形容作品的文字运用得好，使人感受极深，震动极大。现在形容极度惊险、紧张。

独当一面		【独当一面】dú dāng yī miàn 独立担当或领导一个方面的工作。《汉书·张良传》："良曰：'汉王之将，独韩信可属大事，当一面。'"
官逼民反		【官逼民反】guān bī mín fǎn 反动统治阶级残酷地压迫人民，迫使人民起来反抗。
当务之急		【当务之急】dāng wù zhī jí 当前所有应完成任务中最紧要急迫的事。《孟子·尽心上》："当务之为急。"
殚见洽闻		【殚见洽闻】dān jiàn qià wén 殚：尽；洽：遍。该见的都见过了，该听的全听过了。形容学问极为渊博。汉·班固《两都赋》："元元本本，殚见洽闻。"

火海刀山		【火海刀山】huǒ hǎi dāo shān 比喻极其危险、困难的地方。也作“刀山火海”。
金科玉律		【金科玉律】jīn kē yù lǜ 科、律：法律条文。《文选·扬雄〈剧秦美新〉》：“懿律嘉量，金科玉条。”原来是形容法律条文的尽善尽美。现在多指不可变更的条规。
激浊扬清		【激浊扬清】jī zhuó yáng qīng 激：冲去；浊：脏水；清：清水。《晋书·牵秀传》：“秀少在京辇，见司隶刘毅奏事而扼腕慷慨，自谓居司直之任，当能激浊扬清，处鼓鞞之间，必建将帅之勋。”原比喻除去坏人，奖励好人。现在比喻发扬一切好的，清除一切坏的。
可望而不可即		【可望而不可即】kě wàng ér bù kě jí 即：接近。看得见但接近不了。比喻一时还不能实现的事物。明·刘基《诚意伯集·登卧龙山写怀二十八韵》：“白云在青天，可望不可即。”也作“可望不可亲”。

大醇小疵		【大醇小疵】dà chún xiǎo cī 醇：酒味浓、纯；疵：毛病。大体上很好而略有缺点。唐·韩愈《昌黎先生集·读〈荀子〉》："荀与扬，大醇而小疵。"
刀光剑影		【刀光剑影】dāo guāng jiàn yǐng 刀的闪光，剑的投影，都已经看见了。表示持刀剑的人将要行动，杀机已露。现多形容坏人就要行凶、干坏事。也形容激烈斗争的场面。
大名鼎鼎		【大名鼎鼎】dà míng dǐng dǐng 鼎鼎：盛大的样子。形容名声很大。也作"鼎鼎大名"。
灯红酒绿		【灯红酒绿】dēng hóng jiǔ lǜ 形容奢侈腐化的生活，也形容都市或娱乐场所夜晚的繁华景象。

捷足先登		【捷足先登（得）】jié zú xiān dēng（dé）捷：快，敏捷；足：脚步。行动快的人先达到目的，或先得到所求的东西。
精明强干		【精明强干】jīng míng qiáng gàn 形容人精细聪明，办事能力强。
绝处逢生		【绝处逢生】jué chù féng shēng 绝处：死路。形容在最危险的情况下又遇到生路。
及时行乐		【及时行乐】jí shí xíng lè 及时：抓紧时机。抓紧时间，寻欢作乐。《汉乐府·西门行》：“夫为乐，为乐当及时。”

待人接物		【待人接物】dài rén jiē wù 物：众人。指跟别人相处。汉·司马迁《报任少卿书》：“教以慎于接物，推贤进士为务。”明·陶宗仪《辍耕录·卷五·先辈谦让》：“右二事可见前辈诸老谦恭退抑，汲引后进，待人接物者如此。”
道貌岸然		【道貌岸然】dào mào àn rán 道貌：正经、严肃的外貌；岸然：严肃得很难接近的样子。形容外貌严肃正经的样子。现多用于讽刺。
顾名思义		【顾名思义】gù míng sī yì 看到名称，就会想到它的含义。《三国志·魏志·王昶传》里说，王昶给他的儿子、侄子等起名字都用谦、实等意义的词，并写信给他们说：“欲使汝曹顾名思义，不敢有违越也。”
得心应手		【得心应手】dé xīn yìng shǒu 得心：指摸索到规律。心里摸索到规律，做起来就自然顺手。形容技艺纯熟。也形容做事非常顺手。唐·张彦远《历代名画记》卷七：“岂惟六法精备，实亦万类皆妙，千变万化，诡状殊形，经诸目，运诸掌，得之心，应之手。”

借刀杀人		【借刀杀人】jiè dāo shā rén 比喻利用别人去害人。
敬而远之		【敬而远之】jìng ér yuǎn zhī 尊敬他而又不让他来接近。既不得罪他，也不接近他。语本《论语·雍也》："敬鬼神而远之。"
移风易俗		【移风易俗】yí fēng yì sú 移：改动；易：变换。转移风气，改变习惯。《荀子·乐论》："乐者，圣人之所乐也，而可以善民心，其感人深，其移风易俗，故先王导之以礼乐而民和睦。"
混淆是非		【混淆是非】hùn xiáo shì fēi 是非：对的和不对的，正确和谬误。把对的说成错的，把错的说成对的，故意制造混乱。

放虎归山		【放虎归山】fàng hǔ guī shān 把老虎放回山林。比喻自留祸根。语出《资治通鉴·唐纪·高祖皇帝上之上》。现有时也比喻故意把坏人放出去干坏事。
道路以目		【道路以目】dào lù yǐ mù 人们在路上相遇，不敢交谈，只是彼此用眼睛互相看看。形容反动统治阶级的暴虐。《国语·周语上》："国人莫敢言，道路以目。"
丢卒保车		【丢卒保车】diū zú bǎo jū 象棋战术用语。比喻牺牲次要的，保住重要的。
蹈常袭故		【蹈常袭故】dǎo cháng xí gù 蹈、袭：因袭，沿用；常：平常的；故：旧的。形容按照老办法做事。宋·苏轼《伊尹论》："后之君子，蹈常而袭故，惴惴焉惧不免于天下。"

尽心竭力		【尽心竭力】jìn xīn jié lì 投入整个身心，使出全部力量。
价值连城		【价值连城】jià zhí lián chéng 价：价格；连城：连成一片的好多城池。《史记·廉颇蔺相如列传》记载，战国时，赵国得了一块宝玉叫和氏璧，秦王提出要用十五座城去交换。后来就用“价值连城”形容物品十分贵重。
己所不欲，勿施于人		【己所不欲，勿施于人】jǐ suǒ bù yù，wù shī yú rén 自己所不要的，不要施加到别人身上。语出《论语·颜渊》。
精雕细刻		【精雕细刻】jīng diāo xì kè 精心细致地雕刻。有时比喻创作艺术品时的苦心经营和细腻刻画。

琳琅满目		【琳琅满目】lín láng mǎn mù 琳琅：精美的玉石，比喻珍异的物品、文章或人才。眼前充满了美玉。比喻眼前充满了好物品、好文章或有用的人才。南朝·宋·刘义庆《世说新语·容止》：“今日之行，触目见琳琅珠玉。”
大张挞伐		【大张挞伐】dà zhāng tà fá 张：施展；挞伐：征讨，用武力使屈服。使用武力大规模地进行讨伐。也指人进行攻击或声讨。
浑水摸鱼		【浑水摸鱼】hún shuǐ mō yú 浑水：浊水。比喻趁紊乱局面或制造混乱以攫取不正当的利益。又作“混水摸鱼”。
弹尽援绝		【弹尽援绝】dàn jìn yuán jué 弹药用尽了，后援也断绝了。比喻处境非常困难。也作“弹尽粮绝”。

今非昔比		【今非昔比】 jīn fēi xī bǐ 现在不是过去所能比的了。形容变化很大。
酒色财气		【酒色财气】jiǔ sè cái qì 酒：嗜酒；色：好色；财：贪财；气：逞气。旧时以此为人生四戒。
旧地重游		【旧地重游】jiù dì chóng yóu 旧地：指曾经居住或游览过的地方。重新来到曾居住或游览过的地方。
九霄云外		【九霄云外】jiǔ xiāo yún wài 九霄：指天空极高处，古人说天有九重（层）。比喻无限远的地方。

龙蛇飞动		【龙蛇飞动】lóng shé fēi dòng 形容书法笔势的劲健生动。宋·苏轼《西江月·平山堂》词："十年不见老仙翁，壁上龙蛇飞动。"
冒名顶替		【冒名顶替】mào míng dǐng tì 冒：假充。假冒别人的姓名，代替他去干事或窃取他的权利、地位 。
露才扬己		【露才扬己】lù cái yáng jǐ 夸耀才能，表现自己。汉·班固《离骚序》："今若屈原，露才扬己，竞乎危国群小之间，以离谗贼。"
临阵磨枪		【临阵磨枪】lín zhèn mó qiāng 枪：梭镖一类的兵器。到了阵前快打仗时，才去磨枪。比喻事到临头才仓促准备。

捉襟见肘		【捉襟见肘】zhuō jīn xiàn zhǒu 捉襟：整顿衣襟；见：同“现”，露出来。整一下衣襟，胳膊肘就露出来了。原来是说衣服破烂，生活穷困。后来比喻顾此失彼，无法应付。《庄子·让王》：“捉衿而肘见。”
自信不疑		【自信不疑】zì xìn bù yí 自己相信自己，毫不怀疑。宋·苏轼《司马温公行状》：“故为政之日，自信而不疑。”
锦囊妙计		【锦囊妙计】jǐn náng miào jì 锦囊：封藏机密文件或诗稿的织锦口袋。封在锦囊中的神机妙算。
解甲归田		【解甲归田】jiě jiǎ guī tián 甲：古时作战时穿的护身衣。脱下战袍，回家种田。指武将辞去或免去官职，回乡务农。

戮力同心		【戮力同心】lù lì tóng xīn 戮力：努力。同心合力。《墨子·尚贤》：“《汤誓》曰：‘聿求元圣，与之戮力同心，以治天下。’”
龙蟠凤逸		【龙蟠凤逸】lóng pán fèng yì 比喻怀才不遇。唐·李白《与韩荆州书》：“所以龙蟠凤逸之士，皆欲收名定价于君侯。”
面红耳赤		【面红耳赤】miàn hóng ěr chì 赤：红。脸和耳朵都红了。形容羞愧的样子，也形容着急或者发怒的样子。
满城风雨		【满城风雨】mǎn chéng fēng yǔ 宋·惠洪《冷斋夜话》卷四：“黄州潘大临工诗，有佳句，然贫甚……临川谢无逸以书问：‘近新作诗否？’潘答书曰：‘秋来景物，件件是佳句，恨为俗气所蔽翳。昨日清卧，闻搅林风雨声，遂起题壁曰：满城风雨近重阳。忽催税人至，遂败意。只此一句奉寄。’”事亦见宋·彭乘《墨客挥犀》。原来形容秋天的景物，后转用以比喻消息一经传出，就到处轰动起来，议论纷纷(多指坏事)。

作茧自缚		【作茧自缚】zuò jiǎn zì fù 蚕吐丝作茧，把自己包在里面。比喻人做事原来希望于自己有利，结果却反使自己吃亏受累。也比喻自己束缚自己。
借花献佛		【借花献佛】jiè huā xiàn fó 比喻用别人的东西做人情。
剑拔弩张		【剑拔弩张】jiàn bá nǔ zhāng 剑从鞘里拔出来了，弓也张开了。梁·袁昂《评书》里说，梁鹄写的字“如龙威虎震，剑拔弩张”。原来形容书法雄健，后用以比喻形势紧张，一触即发。
激昂慷慨		【激昂慷慨】jī áng kāng kǎi 慷慨：情绪激动；激昂：振奋昂扬。唐·柳宗元《河东先生集·上权德舆补阙温卷决进退启》：“今将慷慨激昂，奋攘布衣。”现在形容充满革命志气，精神振奋。也作“慷慨激昂”。

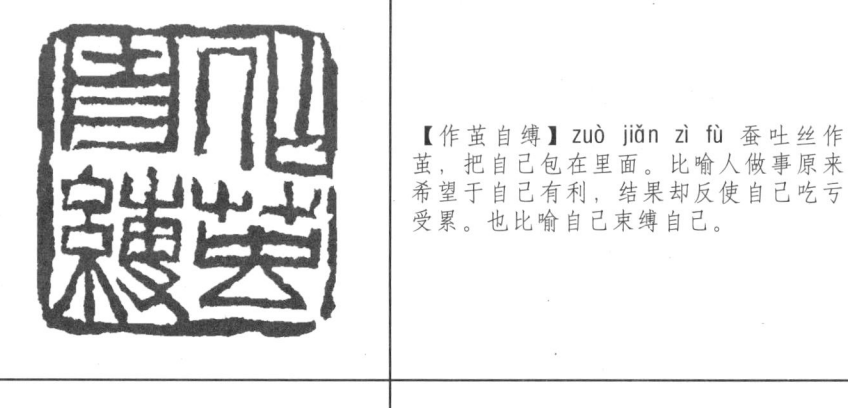

临危不惧		【临危不惧】lín wēi bù jù 遇到危难的时候，毫不惧怕。
了如指掌		【了如指掌】liǎo rú zhǐ zhǎng 了：了解，明白；指掌：指着手掌。形容对情况清楚得就像指点掌上的东西给人看一样。比喻对事物了解得非常清楚。语出《论语·八佾》。
伶牙俐齿		【伶牙俐齿】líng yá lì chǐ 伶、俐：灵活，乖巧。口齿伶利，能说会道。
鹿死谁手		【鹿死谁手】lù sǐ shuí shǒu 《晋书·石勒载记》："勒因飨酒酣，笑曰：'朕若逢高皇，当北面而事之，与韩、彭竞鞭而争先耳；脱遇光武，当并驱于中原，未知鹿死谁手！'"鹿，原比喻政权，后来也比喻争逐的对象。"未知鹿死谁手"，意思是不知政权落在谁的手里，现在也指不知谁取得最后胜利。

急如星火		【急如（于）星火】jí rú （yú）xīng huǒ 星火：流星。像流星一样急促地闪过。比喻非常急迫。《文选·李密〈陈情表〉》："州司临门，急于星火。"
进退两难		【进退两难】jìn tuì liǎng nán 进和退都有困难，即既不能进，又不能退。
作贼心虚		【作贼心虚】zuò zéi xīn xū 比喻做了坏事的人心里很虚，总怕别人觉察出来。
自顾不暇		【自顾不暇】zì gù bù xiá 暇：空闲。连自己都顾不过来（哪能再帮助别人）。语本《晋书·刘曜载记》"彼方忧自固，何暇来耶？"

弥天大谎		【弥天大谎】mí tiān dà huǎng 弥天：满天，形容极大。天大的谎话。
秘而不宣		【秘而不宣】mì ér bù xuān 守住秘密，不肯宣布。《三国志·魏志·董昭传》："秘而不露，使权（孙权）得志，非计之上。"
龙骧虎视		【龙骧虎视】lóng xiāng hǔ shì 像龙马高昂着头，像老虎注视着攫取的对象。比喻雄才壮志。也形容气概威武。《文选·潘勗〈册魏公九锡文〉》："君龙骧虎视，旁眺八维堆。"
龙吟虎啸		【龙吟虎啸】lóng yín hǔ xiào 龙虎的吼叫，形容人歌啸或吟咏声音的嘹亮。汉·张衡《归田赋》："尔乃龙吟方泽，虎啸山丘。"

尽力而为		【尽力而为】jìn lì ér wéi 用所有的力量来做。语本《孟子·梁惠王上》“尽心力而为之”。
急公好义		【急公好义】jí gōng hào yì 形容人热心公益，见义勇为。
交臂失之		【交臂失之】jiāo bì shī zhī 交臂：胳膊碰胳膊，指走得很靠近，擦肩而过。形容遇见好机会而又当面错过。《庄子·田子方》：“吾终身与汝交一臂而失之。”
骄傲自满		【骄傲自满】jiāo ào zì mǎn 自高自大，满足于自己已有的成 绩。宋·王明清《挥麈后录》卷八：“（徐师川）既登宥密，颇骄傲自满。”

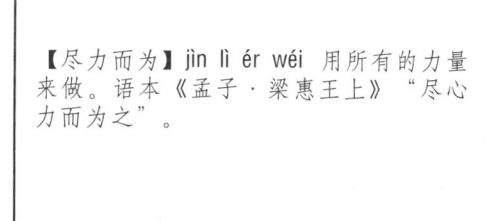

明知故问		【明知故问】míng zhī gù wèn 明明知道，还故意问人。
慢条斯理		【慢条斯理】màn tiáo sī lǐ 形容说话或做事慢慢腾腾。
眉飞色舞		【眉飞色舞】méi fēi sè wǔ 形容喜悦或得意的神态。
满目疮痍		【满目疮痍】mǎn mù chuāng yí 疮痍：创伤。眼睛所看到的都是创伤。形容受到了严重破坏的景况。

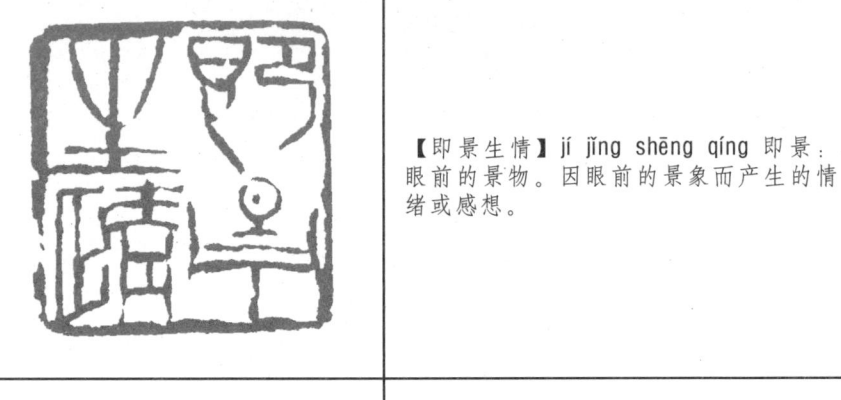

即景生情		【即景生情】jí jǐng shēng qíng 即景：眼前的景物。因眼前的景象而产生的情绪或感想。
将功赎罪		【将功赎罪】jiāng gōng shú zuì 将：把，拿；赎：弥补，抵偿。拿功劳抵偿罪过。
劫富济贫		【劫富济贫】jié fù jì pín 夺取富人的财产，救济穷人。在封建社会里，这常是农民反抗封建剥削的革命行动。
坚持不渝		【坚持不渝】jiān chí bù yú 渝：改变，背弃。坚持到底，决不改变。

美轮美奂		【美轮美奂】měi lún měi huàn 轮：轮囷(qūn)，形容高大；奂：鲜明、盛大的样子。《礼记·檀弓下》：“晋献文子成室，晋大夫发焉。张老曰：‘美哉轮焉，美哉奂焉！’”后来就用“美轮美奂”形容房屋高大华丽。
眉目传情		【眉目传情】méi mù chuán qíng 形容以眉眼传情。现在形容坏人之间的勾勾搭搭。
屡见不鲜		【屡见不鲜】lǚ jiàn bù xiān 鲜：新奇。多次见到，已经不新奇了。
略胜一筹		【略（稍）胜一筹】lüè (shāo) shèng yī chóu 胜：胜过，高过；筹：计数的算筹。比较起来，略微强一点儿。

终身大事		【终身大事】zhōng shēn dà shì 关系一辈子的大事情。多指男女婚嫁而言。
自不量力		【自不量力】zì bù liàng lì 量：衡量，估计。不衡量自己的能力。形容对自己估计太高。
自以为是		【自以为是】zì yǐ wéi shì 认为自己是对的。一般形容主观、不虚心。《荀子·荣辱》："凡斗者必自以为是，而以人为非也。"
众星捧月		【众星捧月】zhòng xīng pěng yuè 许多星星托着月亮。比喻许多东西围绕着一个中心或许多人簇拥着一个被他们尊重的人。

眉清目秀		【眉清目秀】méi qīng mù xiù 形容容貌清俊秀丽。
毛骨悚然		【毛骨悚然】máo gǔ sǒng rán 毛：毛发；骨：脊梁骨；悚然：害怕的样子。毛发竖起，脊梁骨发冷。形容人碰到阴森或凄惨的景象时的恐惧感觉。
络绎不绝		【络绎不绝】luò yì bù jué 络绎：连续不断的样子。形容来往的人或车马连续不断。《后汉书·光武十五王传·东海恭王强传》："数遣使者太医令丞、方使道术，络绎不绝。"
落花流水		【落花流水】luò huā liú shuǐ 落下的花被流水冲走。原来形容残春的景象。现在形容残败零落，或比喻敌人被打得大败。五代·南唐·李煜《浪淘沙》词："流水落花春去也，天上人间。"

自知之明		【自知之明】zì zhī zhī míng 能够正确地认识自己。《老子》三十三章："知人者智，自知者明。"
左右逢源		【左右逢源】zuǒ yòu féng yuán 逢：遇到；源：水源。《孟子·离娄下》："资之深，则取之左右逢其源。"原来是说工夫到家后，自然用之不尽，取之不竭。后来比喻做事得心应手，顺利无碍。
作威作福		【作威作福】zuò wēi zuò fú 《尚书·洪范》："惟辟(bì)作福，惟辟作威，惟辟玉食，臣无有作福作威玉食。"原指统治者专行赏罚，独揽威权。后来形容妄自尊大，滥用权势，横行霸道。
坐井观天		【坐井观天】zuò jǐng guān tiān 坐在井底看天。比喻眼界狭小，所见有限。

冥思苦想		【冥思苦想】míng sī kǔ xiǎng 深沉地思索和想象。形容不作调查研究、关起门来凭主观想象考虑解决问题的方法。又作"冥思苦索"。
明火执仗		【明火执仗】míng huǒ zhí zhàng 明火：点着火把；执仗：拿着武器。原指强盗公开抢劫。现泛用以形容毫无顾忌的行动。
明知故犯		【明知故犯】míng zhī gù fàn 明明知道不对，却故意违犯。
美意延年		【美意延年】měi yì yán nián 美意：乐观，无所忧虑。乐观可以延长寿命。《荀子·致士》："得众动天，美意延年。"

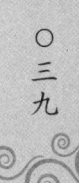

坐立不安		【坐立不安】zuò lì bù ān 坐着站着都不安稳。形容心情不安或烦躁的样子。
自欺欺人	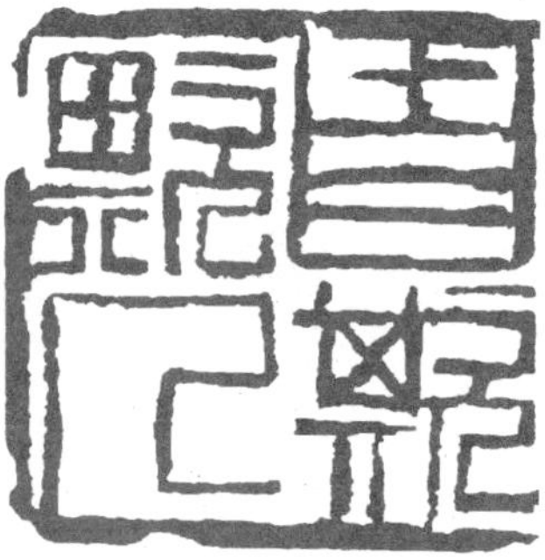	【自欺欺人】zì qī qī rén 欺骗自己，也欺骗别人。
坐以待毙		【坐以待毙】zuò yǐ dài bì 毙：死。坐着等死。
自命不凡		【自命不凡】zì mìng bù fán 自命：自己认为。自以为不平凡，了不起。

龙骧虎步		【龙骧虎步】lóng xiāng hǔ bù 龙：古代称高大的马为“龙”；骧：马昂着头的样子。像龙马高昂着头，像老虎迈着雄健的步子。形容威武雄壮的气概。《三国志·魏志·陈琳传》：“龙骧虎步，高下在心。”
满载而归		【满载而归】mǎn zài ér guī 载：装。装得满满的回来。比喻收获很大。
门当户对		【门当户对】mén dāng hù duì 旧指封建社会通婚时所要求的男女双方家族的政治地位和经济地位相当。
门庭若市		【门庭若市】mén tíng ruò shì 庭：院子；若：好像；市：集市。门前和院子里好像集市一样。形容来的人很多，非常热闹。《战国策·齐策一》：“群臣进谏，门庭若市。”

没齿不忘		【没齿不忘】mò chǐ bù wàng 齿：指年龄；没齿：一辈子。到死也不会忘记。
卖官鬻爵		【卖官鬻爵】mài guān yù jué 鬻：卖；爵：爵位。旧时执政掌权者出卖官职、爵位，以搜刮财富。《宋书·邓琬传》："父子并卖官鬻爵。"
转危为安		【转危为安】zhuǎn wēi wéi ān 把危险转化为平安。
目瞪口呆		【目瞪口呆】mù dèng kǒu dāi 眼睛直盯着不动，嘴说不出话来。形容因吃惊或害怕而发楞。

男盗女娼		【男盗女娼】nán dào nǚ chāng 男的偷盗，女的卖淫。形容男女都做坏事或思想极其腐朽卑劣。
牵强附会		【牵强附会】qiān qiǎng fù huì　附会：把没有联系的事物说成有联系。形容生拉硬扯，勉强凑合。
其貌不扬		【其貌不扬】qī mào bù yáng　其：他的；不扬：丑陋。原来形容人的外貌不漂亮。现在有时也用以形容器物。《左传·昭公二十八年》："今子少不扬，子若无言，吾几失子矣。"
平地楼台		【平地楼台】píng dì lóu tái 比喻原来没有基础，而一下子取得了成就。

磨刀霍霍		【磨刀霍霍】mó dāo huò huò 霍霍：磨刀的声音。语本《木兰诗》“小弟闻姊来，磨刀霍霍向猪羊”。原指用力磨刀，发出霍霍声响。现多形容敌人在行动前频繁活动。
明争暗斗		【明争暗斗】míng zhēng àn dòu 明里暗里都在进行争斗。形容内部勾心斗角，互相争斗的情况。
魂不守舍		【魂不守舍】hún bù shǒu shè 魂：灵魂；舍：指人的躯壳。灵魂离开了躯壳。形容精神不集中。也作“魂不守宅”。《三国志·魏志·管辂传》注引《管辂别传》：“何（何晏）之视候，则魂不守宅，血不华色。”
民不聊生		【民不聊生】mín bù liáo shēng 聊：依赖。在剥削阶级统治下，人民无法生活下去。《史记·张耳陈余列传》：“……财匮力尽，民不聊生。”

难能可贵		【难能可贵】nán néng kě guì 不容易做到的事竟然做到了，因而值得宝贵。宋·苏轼《荀卿论》：“此三者，皆天下之所谓难能而可贵者也。”
恰如其分		【恰如其分】qià rú qí fèn 分：分寸，正合适的界限。形容办事、对人的做法正合分寸。
旁若无人		【旁若无人】páng ruò wú rén 旁：旁边；若：好像。好像旁边没有人。形容态度自然，也形容高傲。《史记·刺客列传》：“高渐离击筑，荆轲和而歌于燕市，相乐也。已而相泣，旁若无人者。”
能者为师		【能者为师】néng zhě wéi shī 会的人就当老师，即谁会就跟谁学。

以力服人		【以力服人】yǐ lì fú rén 力：指强制的力量；服人：使人服。用强制手段使人服从。语出《孟子·公孙丑上》。
衣冠禽兽		【衣冠禽兽】yī guān qín shòu 穿衣服戴帽子的畜生。比喻道德败坏、行为像畜生一样的人。
一物降一物		【一物降一物】yī wù xiáng yī wù 降：降伏，制伏。某一事物专门制伏另一事物，或某一事物专门有另一事物来制伏它。
正人君子		【正人君子】zhèng rén jūn zǐ 旧时指正直、有道德的人物。

拍手称快		【拍手称快】pāi shǒu chēng kuài 拍着手喊痛快。多用来表示仇恨得到消除的愉快。
旁观者清		【旁观者清】páng guān zhě qīng 当局者和旁观者原来是指下棋的和看棋的人，后比喻当事人和旁观的人。当事人往往因为对利害得失考虑得太多，看问题反而糊涂，旁观的人由于冷静、客观，却看得清楚。《新唐书·元行冲传》："当局者迷，旁观必审。"
泣不成声		【泣不成声】qì bù chéng shēng 泣：低声哭。哭得噎住了，出不来声音。形容很悲伤。《吴越春秋·越王无余外传》："昼哭夜泣，气不属声。"
旁敲侧击		【旁敲侧击】páng qiāo cè jī 侧：旁边；击：敲打。比喻说话、写文章故意绕弯子，不直接从正面说明本意，而用反语或隐语曲折地说出来。

约定俗成		【约定俗成】yuē dìng sú chéng 约定：事物的名称依据人们的共同意向而制定；俗成：名称制定了，大家习惯上一致遵守，一直沿用。指某种名称或社会习惯为社会上所承认，因而固定下来，一直沿用。《荀子·正名》："名无固宜，约之以命。约定俗成谓之宜，异于约则谓之不宜。"
振臂一呼		【振臂一呼】zhèn bì yī hū 振：挥动。挥动手臂，一声号召。《文选·李陵〈答苏武书〉》："然陵振臂一呼，创病皆起。"
义正辞严		【义正辞严】yì zhèng cí yán 道理正确，语言严肃。
有口难言		【有口难言】yǒu kǒu nán yán 言：说。有话不便说或不敢说。宋·苏轼《醉醒者》诗："有道难行不如醉，有口难言不如睡。"

弃甲曳兵		【弃甲曳兵】qì jiǎ yè bīng 弃：抛弃；甲：古代作战时的护身衣，用皮革或金属做成；曳：拖着；兵：兵器。丢掉铠甲，拖着兵器。形容打败仗逃跑时的狼狈相。语出《孟子·梁惠王上》。
盘根错节		【盘根错节】pán gēn cuò jié 盘：盘旋；错：交错。树根盘屈，枝节交错，不易砍伐。比喻事情繁难复杂，不易处理。《后汉书·虞诩(xǔ)传》："不遇槃根错节，何以别利器乎！"
偏听偏信		【偏听偏信】piān tīng piān xìn 只听信一方面的话。
难舍难分		【难舍难分】nán shě nán fēn 舍：放下；分：分离。形容双方感情很好，不忍分离。

有勇无谋		【有勇无谋】yǒu yǒng wú móu 只有胆量，没有计谋。比喻做事或打仗只是猛干猛冲，而缺乏计划和不讲策略。语出《三国演义》第十一回：“（曹）操曰：‘吾料吕布有勇无谋，不足虑也。’”
应接不暇		【应接不暇】yìng jiē bù xiá 不暇：没有空闲。南朝·宋·刘义庆《世说新语·言语》：“从山阴道上行，山川自相映发，使人应接不暇。”原指会稽一路风景幽美，看不过来。后来也形容事情很多，来不及应付。
有案可稽		【有案可稽】yǒu àn kě jī 案：档案，文件；稽：查考。指有证据可查。
在所不惜		【在所不惜】zài suǒ bù xī 表示决不吝惜。

南辕北辙		【南辕北辙】nán yuán běi zhé 辕：车辕子，车前头夹着牲口的两根长木；辙：车轮子碾的痕迹。本来要往南而车子却向北开。比喻背道而驰，行动和目的相反。语本《战国策·魏策四》“犹至楚而北行也”。
破口大骂		【破口大骂】pò kǒu dà mà 指出恶语骂人。
其势汹汹		【其势汹汹】qí shì xiōng xiōng 其：他的；汹汹：原指大的水流声，比喻人或动物的来势凶猛。形容来势凶猛的样子。含贬义。《荀子·天论》：“君子不为小人之汹汹也辍行。”
千虑一得		【千虑一得】qiān lǜ yī dé 《史记·淮阴侯列传》：“广武君曰：‘臣闻智者千虑，必有一失；愚者千虑，必有一得。’”意思是愚笨人的意见也有可取之处。后多用为发表意见后自谦的话。又作“千虑之一得”、“一得之愚”。

振聋发聩		【振聋发聩】zhèn lóng fā kuì 聩：耳聋。比喻唤醒糊涂麻木的人。清·袁枚《随园诗话补遗》卷一：“梁昭明太子与湘东王书云：‘未闻吟咏性情，反拟《内则》之篇；操笔写志，更摹《酒浩》之作。’此数言，振聋发聩，想当时必有迂儒曲士以经学谈诗者。”
以退为进		【以退为进】yǐ tuì wéi jìn 语出汉·扬雄《法言·君子》。原意是把退让看作前进。后来转指故意做作，表面上退让，实际是用此作为晋升的机会。也指表面上退却实际上是准备进攻的一种战术。
斩草除根		【斩草除根】zhǎn cǎo chú gēn 比喻除去祸根，以免后患。也作“剪草除根”。北齐·魏收《为侯景叛移梁朝文》：“抽薪止沸，剪草除根。”
与世长辞		【与世长辞】yǔ shì cháng cí 辞：告别。同人世永远告别了。婉指死去。

蜻蜓点水		【蜻蜓点水】qīng tíng diǎn shuǐ 比喻浮面的接触。唐·杜甫《曲江二首》二："点水蜻蜓款款飞。"
轻装上阵		【轻装上阵】qīng zhuāng shàng zhèn 原指古代作战时不披铁甲，上阵时行动灵便。现在比喻放下各种思想包袱投入工作或学习中。
贫嘴薄舌		【贫嘴薄舌】pín zuǐ bó shé 指爱多说话，言语尖酸刻薄。也作"贫嘴贱舌"。《红楼梦》第二十五回："你们都不是好人，再不跟着好人学，只跟着凤丫头学的贫嘴贱舌的。"
千秋万代		【千秋万代】qiān qiū wàn dài 千秋，千年。一千年，一万代。指世世代代。

余音绕梁		【余音绕梁】yú yīn rào liáng 余音：音乐演奏后好像还留下来的乐声。遗留下的乐声围着屋梁打转。形容歌声优美，使人回味。《列子·汤问》：“韩娥冻之齐，匮食过雍门鬻歌假食，既去而余音绕梁欐，三日不绝。”
有言在先		【有言在先】yǒu yán zài xiān 已经有话在头里。指事前打过招呼。
郁郁葱葱		【郁郁葱葱】yù yù cōng cōng 郁郁：草木繁盛的样子；葱葱：草木苍翠茂盛的样子。形容气象旺盛美好。《后汉书·光武纪》：“望气者至南阳，曰：‘气佳哉，郁郁葱葱！”
引狼入室		【引狼入室】yǐn láng rù shì 引：招引。把狼招引到家里来。比喻引进坏人。

千丝万缕		【千丝万缕】qiān sī wàn lǚ 缕：线。千根丝，万根线。形容两者之间的复杂联系。宋·戴石屏《怜薄命》词：“道旁杨柳依依，千丝万缕，拧不住一分愁绪。”也作“万缕千丝”。
千载难逢		【千载难逢】qiān zǎi nán féng 载：年。一千年也难得遇到。形容机会的难得与可贵。
逆来顺受		【逆来顺受】nì lái shùn shòu 对恶劣的环境或无理的待遇要采取忍受的态度。这是儒家宣扬的“恕道”，和“犯而不校”意思相似。
千岩万壑		【千岩万壑】qiān yán wàn hè 岩：山崖；壑：坑谷，深沟。形容重山迭岭。南朝·宋 刘义庆《世说新语·言语》：“顾长康（顾恺之）从会稽还，人问山川之美。顾云：‘千岩竞秀，万壑争流，草木蒙茏其上，若云兴霞蔚。’”

依依不舍		【依依不舍】yī yī bù shě 依依：恋慕的样子；舍：放开。形容有了感情，不忍离别。也作“依依难舍”。
形影相随		【形影相随】xíng yǐng xiāng suí 像物体同它的影子那样分不开。形容彼此关系极好，经常互相伴随。
以貌取人		【以貌取人】yǐ mào qǔ rén 凭外貌来衡量、判断人的优劣。也指根据对方的外貌、衣着来决定对待态度。《史记·仲尼弟子列传》：“以貌取人，失之子羽。”
拔苗助长		【拔苗助长】bá miáo zhù zhǎng《孟子·公孙丑上》里说，宋国有个人嫌庄稼长得太慢，就把苗一棵棵地往上拔，回来还夸口说：“今天我帮助苗长了！”他儿子听了赶忙去看，’苗都枯死了。后来就用“拔苗助长”比喻不管事物的发展规律，强求速成，反而把事情弄糟。

迫不得已		【迫不得已】pò bù dé yǐ 迫：逼迫。指出于逼迫，没有办法，不得不这样。《汉书·王莽传上》：“迫不得已然后受诏。”
内忧外患		【内忧外患】nèi yōu wài huàn 指国家内部的祸患和外来的侵略。《管子·戒》：“君外舍而不鼎馈，非有内忧，必有外患。”
迫不及待		【迫不及待】pò bù jí dài 迫：紧急。急迫得不能等待。
千头万绪		【千头万绪】qiān tóu wàn xù 绪：丝的头，比喻事情的开端。头绪很多。形容事情复杂纷乱。

循规蹈矩		【循规蹈矩】xún guī dǎo jǔ 循：遵照；规、矩：圆规和角尺，定圆和方的标准工具，借用为一切行为的标准。指遵守规矩。现在也指遵守纪律和制度。
悬梁刺股		【悬梁刺股】xuán liáng cì gǔ 《战国策·秦策一》："（苏秦）读书欲睡，引锥自刺其股。"后以"悬梁刺股"形容勤学苦读。
一朝一夕		【一朝一夕】yī zhāo yī xī 朝：早晨；夕：日落的时候或夜晚。形容短期间内。《周易·坤·文言》："臣弑其君，子弑其父，非一朝一夕之故，其所由来者渐矣。"
一拍即合		【一拍即合】yī pāi jí hé 一拍击就合于曲子的节奏。比喻很容易一致。

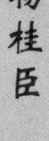

牵肠挂肚		【牵肠挂肚】qiān cháng guà dù 牵：拉。形容惦念得放不下心。也作“牵肠割肚”。元·贯云石《太平乐府·斗鹌鹑·佳偶》：“知心可腹，牵肠割肚，不枉了用功夫。”
七拼八凑		【七拼八凑】qī pīn bā còu 把零碎的东西勉强凑合起来。
破门而出		【破门而出】pò mén ér chū 打破门冲出来。今多形容人迫不及待地跳出来。
平地风波		【平地风波】píng dì fēng bō 比喻意外的纠纷或事故。也比喻无中生有。唐·刘禹锡《刘梦得文集·竹枝词》：“等闲平地起波澜。”

众目昭彰		【众目昭彰】zhòng mù zhāo zhāng 昭彰：明显。群众的眼睛都看得很清楚（指对坏人坏事）。
闻所未闻		【闻所未闻】wén suǒ wèi wén 闻：听到。听到了以前没有听到过的事情。《史记·陆贾列传》："至生来，令我日闻所未闻。"
众口难调		【众口难调】zhòng kǒu nán tiáo 调：协调。原指饭菜难合众人的口味。比喻很难将众人的意见协调一致。也比喻很难让所有的人都满意。宋·欧阳修《归田录》卷一："丁晋公之南迁也，行过潭州，自作《斋僧疏》云：'补仲山之衮，虽曲尽于巧心；和傅说之羹，实难调于众口。'"
各抒己见		【各抒己见】gè shū jǐ jiàn 抒：表达，发表。各人充分谈出自己的见解。

蓬头垢面		【蓬头垢面】péng tóu gòu miàn 蓬：蓬草，散乱；垢：污秽。形容头发很乱、脸上很脏的样子。
逆水行舟		【逆水行舟】nì shuǐ xíng zhōu 逆着水流划船。比喻不前进就要后退。
迫在眉睫		【迫在眉睫】pò zài méi jié 睫：眼毛。比喻事情已到眼前，十分急迫，就像已经逼近了眉毛和睫毛一样。《列子·仲尼》："远在八荒之外，近在眉睫之内。"
千差万别		【千差万别】qiān chā wàn bié 形容不同的类别很多。宋·释道原《景德传灯录·卷二十五·金陵报慈道场文遂导师》："僧问：'如何是无异底事？'师曰：'千差万别。'"

沾沾自喜		【沾沾自喜】zhān zhān zì xǐ 沾沾：轻浮的样子。对自己的成绩感到得意，表现出一种轻浮的样子。《史记·魏其武安侯列传》："魏其者，沾沾自喜耳。"
指挥若定		【指挥若定】zhǐ huī ruò dìng 若：如；定：定局。形容作战时指挥极有把握，稳操胜算。唐·杜甫《咏怀古迹》诗之五："伯仲之间见伊吕，指挥若定失萧曹。"
知过必改		【知过必改】zhī guò bì gǎi 知道自己的过错就一定要改。南朝·梁·周兴嗣《千字文》："知过必改，得能莫忘。"
知情达理		【知情达理】zhī qíng dá lǐ 达：懂得，理解。形容很懂道理，说话、做事合情合理。

成语	印	释义
千夫所指		【千夫（人）所指】qiān fū (rén) suǒ zhǐ 千夫：很多人；指：指责。形容众怒难犯。《汉书·王嘉传》："里谚曰：'千人所指，无病而死。'"
屈指可数		【屈指可数】qū zhǐ kě shǔ 扳一扳手指就数得清。形容寥寥无几。宋·欧阳修《集古录跋尾·唐安公美政颂》："今文化之盛，其书屈指可数者，无三四人。非皆不能，盖忽不为尔。"
一丘之貉		【一丘之貉】yī qiū zhī hé 丘：小土山；貉：一种形似狐狸的野兽。同一个山里的貉。《汉书·杨恽传》："古与今，如一丘之貉。"原来比喻都是同类，没有差别。现在用于贬义，比喻都是一样的坏人。
念念不忘		【念念不忘】niàn niàn bù wàng 念念：不断地想念着。形容时刻不忘记。宋·朱熹《朱子全书·论语》："言其于忠信笃敬，念念不忘。"

众擎易举		【众擎易举】zhòng qíng yì jǔ 擎：向上托。许多人一齐用力往上托，就容易把东西举起来。比喻大家齐心协力，事情就容易办成。
之乎者也		【之乎者也】zhī hū zhě yě 都是文言中的虚词。多用以讥笑人咬文嚼字。宋·僧文莹《湘山野录》：“太祖幸朱雀门，指门额问赵韩王普曰：‘何不只书朱雀门，须著之字安用？’普对曰：‘语助。’太祖大笑曰：‘之乎者也，助得甚事？’”
有名无实		【有名无实】yǒu míng wú shí 徒有虚名，并无实际。《国语·晋语八》：“宣子曰：‘吾有卿之名而无其实。’”
严惩不贷		【严惩不贷】yán chéng bù dài 惩：处分，惩罚；贷：宽容，饶恕。严厉惩办，不加宽容。

轻举妄动		【轻举妄动】qīng jǔ wàng dòng 轻：轻率；妄：胡乱。不经慎重考虑，轻率地采取行动。《韩非子·解老》：“众人之轻弃道理而易忘（妄）举动者，不知其祸福之深大而道阔远若是也。”
敲诈勒索		【敲诈勒索】qiāo zhà lè suǒ 敲诈：依仗势力或抓住别人的把柄进行威胁，索取财物；勒索：用强迫的手段，逼取钱财。
巧立名目		【巧立名目】qiǎo lì míng mù 变法儿定出些名目来达到某种不正当的目的。多指反动统治者挖空心思来搜刮民脂民膏。
忍辱负重		【忍辱负重】rěn rǔ fù zhòng 能忍受屈辱，承担重任。《三国志·吴志·陆逊传》：“国家所以屈诸君使相承望者，以仆有尺寸可称，能忍辱负重故也。”

赞不绝口		【赞不绝口】zàn bù jué kǒu 赞：称赞；绝：断。不住口的赞美。
众寡悬殊		【众寡悬殊】zhòng guǎ xuán shū 众：多；寡：少；悬殊：差别很大。双方人力多少相差很大。
粥少僧多		【粥少僧多】zhōu shǎo sēng duō 准备的粥少，化斋的和尚多。比喻东西不够分配或供不应求。
真凭实据		【真凭实据】zhēn píng shí jù 真实可靠的凭据。

前呼后拥		【前呼后拥】qián hū hòu yōng 前面有人吆喝着开路，后面有人围着保护。
倾城倾国		【倾城倾国】qīng chéng qīng guó 倾：倾覆；城：国。《汉书·孝武李夫人传》：“延年侍上起舞，歌曰：‘北方有佳人，绝世而独立，一顾倾人城，再顾倾人国。’”后用“倾城倾国”形容绝色的女子。
巧取豪夺		【巧取豪夺】qiǎo qǔ háo duó 巧取：骗取；豪夺：用强力夺取。用欺诈的手段取得或凭强力抢占（财物、权利等）。也作“巧偷豪夺”。宋·苏轼《次韵米芾二王书跋尾》：“巧偷豪夺古来有，一笑谁似痴虎头。”
权宜之计		【权宜之计】 quán yí zhī jì 权：姑且，暂且；宜：适宜；计：办法。指为了应付某种情况而暂时采取的办法。《后汉书·王允传》：“及在际会，每乏温润之色，杖正持重，不循权宜之计，是以群下不甚附之。”《汉书·张耳陈余传》：“耳、余说武臣曰：‘王王赵，非楚意，特以计贺王。’”颜师古注：“言力不能制，且事安抚为权宜之计耳。”

至理名言		【至理名言】zhì lǐ míng yán 至理：最正确的道理；名言：精辟、有价值的话。最正确的道理，最精辟的言论。
郑重其事		【郑重其事】zhèng zhòng qí shì 郑重：严肃认真。严肃认真地对待这件事。
众怒难犯		【众怒难犯】zhòng nù nán fàn 犯：触犯，冒犯。群众的愤怒不可触犯。《左传·襄公十年》："众怒难犯，专欲难成。"
贼喊捉贼		【贼喊捉贼】zéi hǎn zhuō zéi 比喻坏人为了自己逃脱，转移目标，反指别人是坏人。

倾盆大雨		【倾盆大雨】qīng pén dà yǔ 倾盆：大雨倾注的样子。比喻雨势急骤。现在有时比喻一次就布置很多任务或提出很多要求。唐·韩鄂《岁华纪丽·卷三·雨》"倾盆"注："大雨。"
恰到好处		【恰到好处】qià dào hǎo chù 恰：正好。形容说话、做事正好到了最适当的地步。
倾巢出动		【倾巢出动】qīng cháo chū dòng 整窝的鸟儿全出来了。比喻出动全部兵力或人力。多含贬义。
穷途末路		【穷途末路】qióng tú mò lù 穷途：绝路。形容无路可走。

先知先觉		【先知先觉】xiān zhī xiān jué 觉：对事物有所认识。语本《孟子·万章上》“使先知觉后知，使先觉觉后觉也”。指对事理的认识较一般人为早的人。
心照不宣		【心照不宣】xīn zhào bù xuān 照：知道；宣：说出。彼此心里明白，不用说出来。《文选·潘岳〈夏侯常侍诔〉》：“心照神交，唯我与子。”
雾里看花		【雾里看花】wù lǐ kàn huā 原来形容老眼昏花。唐·杜甫《小寒食舟中作》诗：“春水船如天上坐，老年花似雾中看。”现在也比喻对事物看不真切。
虚有其表		【虚有其表】xū yǒu qí biǎo 表：外表。唐·郑处诲《明皇杂录》记载，唐玄宗时的萧嵩身高体壮，一次给玄宗起草一道诏书，玄宗看了很不满意，把稿子往地下一扔说：“虚有其表耳。”后来就用以形容外表好看、实质不行或有名无实的人或物。

鹊巢鸠占		【鹊巢鸠占】què cháo jiū zhàn《诗经·召南·鹊巢》：“维鹊有巢，维鸠居之。”喜鹊的巢被斑鸠占住。原比喻女子出嫁，以夫家为家。后来比喻坏人强占别人住处。
求之不得		【求之不得】qiú zhī bù dé 求还求不到。形容正寻求某事物时愿望终于实现。宋·文天祥《正气歌》：“鼎镬甘如饴，求之不可得。”
人之常情		【人之常情】rén zhī cháng qíng 人们通常有的心情。南朝·梁·江淹《杂体诗三十八首·序》：“又贵远贱近，人之常情；重耳轻目，俗之恒弊。”
轻描淡写		【轻描淡写】qīng miáo dàn xiě 原指绘画时用浅淡的颜色轻轻描绘。引申为说话或写文章时对重要的事轻轻带过，不加重视。

遥相呼应		【遥相呼应】yáo xiāng hū yìng 遥：远远地。远远地互相照应，配合。
小试锋芒		【小试锋芒】xiǎo shì fēng máng 锋芒：刀刃尖端，也比喻人的锐气，本领。稍微显示一下本领。
邂逅相遇		【邂逅相遇】xiè hòu xiāng yù 邂逅：没有预约而遇见。指偶然地相会。《诗经·郑风·野有蔓草》："邂逅相遇，适我愿兮。"
小题大作		【小题大作】xiǎo tí dà zuò 将小题目铺张成为大文章。比喻把小事当作大事来处理。

犬马之劳		【犬马之劳】quǎn mǎ zhī láo 犬马：古时臣子对君主常自比为犬马，表示愿意像犬马那样替主子奔走。现在用“犬马之劳”表示心甘情愿为别人效劳。
清风两袖		【清风两袖】qīng fēng liǎng xiù 旧时称誉官吏廉洁。
屈打成招		【屈打成招】qū dǎ chéng zhāo 屈：冤枉；招：招认。指用严刑拷打，逼使无罪的人承受被诬陷的罪名。
鹊笑鸠舞		【鹊笑鸠舞】què xiào jiū wǔ《易林·噬嗑之离》：“鹊笑鸠舞，来遗我酒。”后来用作喜庆的祝词。

徇私舞弊		【徇私舞弊】xùn sī wǔ bì 徇私：因照顾私人关系而作不合法的事；舞弊：弄虚作假，欺骗蒙混。
一板一眼		【一板一眼】yī bǎn yī yǎn 板、眼：戏曲音乐的节拍。比喻言语、行动有条不紊。又比喻做事死板。
相辅相成		【相辅相成】xiāng fǔ xiāng chéng 辅：辅助。指两件事物相互辅助，相互促成。
夜不闭户		【夜不闭户】yè bù bì hù 户：门。把东西丢失在路上也没有人拣去据为己有，夜里不关上门也没有人来偷盗。《战国策·秦策一》："道不拾遗，民不妄取，兵革大强，诸侯畏惧。"

穷乡僻壤		【穷乡僻壤】qióng xiāng pì rǎng 荒远偏僻的地方。明·李时勉《北京赋》："穷陬(zōu)僻壤，无一物之不遂。"清·周永年《儒藏说》："穷乡僻壤，寒门窭士。"
忍无可忍		【忍无可忍】rěn wú kě rěn 再也不能忍受下去了。
日久天长		【日久天长】rì jiǔ tiān cháng 形容时间积累得很长。
日积月累		【日积月累】rì jī yuè lěi 一天一月地积累起来。清·顾炎武《日知录·卷九·禁自宫》："自是以后，日积月累，千百成群，其为国之蠹害甚矣！"

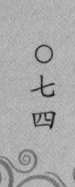

兴风作浪		【兴风作浪】xīng fēng zuò làng 兴、作：起。比喻制造事端，无事生非。鲁迅《故事新编·非攻》："我们的老乡公输般，他总是倚恃自己的一点小聪明，兴风作浪的。"
惺惺惜惺惺		【惺惺惜惺惺】xīng xīng xī xīng xīng 惺惺：指聪明人。聪明人爱惜聪明人。形容性格或才能相同的人互相爱惜。元·王实甫《西厢记》第一本第三折："方信道，惺惺的自古惜惺惺。"
鸦雀无声		【鸦雀无声】yā què wú shēng 连乌鸦和麻雀的声音也没有。形容非常寂静。宋·释道原《景德传灯录·卷四·益州保唐寺无住禅师》："于时庭树鸦鸣，公问师：'闻否？'曰：'闻。'鸦已去，又问师：'闻否？'曰：'闻。'公曰：'鸦去无声，云何言闻？'"宋·苏轼《绝句三首》："天风吹雨入阑干，乌鹊无声夜向阑。"
兄弟阋于墙		【兄弟阋于墙】xiōng dì xì yú qiáng 阋：相争。《诗经·小雅·堂棣》："兄弟阋于墙，外御其务。"原意是，兄弟们尽管在家里相争，但遇到外人来欺侮时就要共同合作，一致对外。后来有时用"兄弟阋于墙"比喻内部相争。

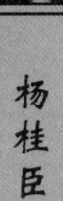

人不知，鬼不觉		【人不知，鬼不觉】rén bù zhī，guǐ bù jué 形容行动非常秘密，谁也没察觉。《元曲选·无名氏〈争报恩〉一》："恁做事可甚人不知鬼不觉。"
求全责备		【求全责备】qiú quán zé bèi 责：求；备：齐全。对人对事要求完美无缺。
任人唯亲		【任人唯亲】rèn rén wéi qīn 任人：任用人；唯：只；亲：关系密切，感情好。任用人不管德、才如何，只是选择那些和自己感情好、关系密切的。
忍气吞声		【忍气吞声】rěn qì tūn shēng 忍气：受了气勉强忍耐；吞声：不敢出声。受了气勉强忍耐，把话压在肚子里不敢说出来。

夜长梦多		【夜长梦多】yè cháng mèng duō 比喻时间一拖延下来，事情可能发生不利的变化。清·吕留良《家书》："荐举事近复纷纭，夜长梦多，恐将来有意外，奈何！"
阳春白雪		【阳春白雪】yáng chūn bái xuě 古代楚国的一种艺术性较高难度较大的歌曲。《文选·宋玉〈对楚王问〉》："客有歌于郢中者……其为'阳春白雪'，国中属而和者不过数十人。"
血海深仇		【血海深仇】xuè hǎi shēn chóu 形容有血债的深仇大恨。
逍遥自在		【逍遥自在】xiāo yáo zì zài 形容无拘无束，自由自在。宋·释道原《景德传灯录·卷二十九·十四科头》："丈夫运用堂堂，遥逍自在无妨。"

任人唯贤		【任人唯贤】rèn rén wéi xián 贤：指有德有才。现指任用人只选择那些品德高尚，才能出众的人。
认贼作父		【认贼作父】rèn zéi zuò fù 把仇敌当作父亲。比喻投靠坏人、敌人。
清规戒律		【清规戒律】qīng guī jiè lǜ 原指佛教寺院所订立的规则和戒律。《释门正统》："百丈山怀海禅师始立天下禅林规式，谓之清规。"比喻繁琐、不合理的成规、惯例。有时泛指规章制度。
穷凶极恶		【穷凶极恶】qióng xiōng jí è 穷：极端。形容极端凶恶。《汉书·王莽传赞》："穷凶极恶，流毒诸夏。"

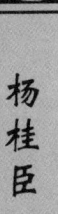

学富五车		【学富五车】xué fù wǔ chē 五车：指五车书。形容读书多，学问大。《庄子·天下》："惠施多方，其书五车。"
信口雌黄		【信口雌黄】xìn kǒu cí huáng 信：听凭，随意；雌黄：即鸡冠石，黄赤色，可作颜料。古时写字用黄纸，写错了就用雌黄涂抹再写。比喻不问事实，随嘴乱说。晋·孙盛《晋阳秋》："王衍能言，于意有不安者，辄更易之，时号'口中雌黄'。"
摇旗呐喊		【摇旗呐喊】yáo qí nà hǎn 原指古代作战时，摇着旗子，大声喊杀助威。比喻给别人助长声势。《元曲选·乔孟符〈两世姻缘〉三》："你这般摇旗呐喊，簸土扬沙。"
轩然大波		【轩然大波】xuān rán dà bō 轩然：波涛高高涌起的样子。比喻大的纠纷或风潮。唐·韩愈《昌黎先生集·岳阳楼别窦司直》诗："轩然大波起，宇宙隘而妨。"

轻重缓急		【轻重缓急】qīng zhòng huǎn jí 缓：慢，不急。轻的，重的，不急的，急迫的。指事情主次、轻重的区别。也作"缓急轻重"。清·顾炎武《日知录·卷七·去兵去食》："古之人有至于张空拳、罗雀鼠而民无二志者，非上之信有以结其心乎？此又权于缓急轻重之间而为不得已之计也。"
权衡轻重		【权衡轻重】quán héng qīng zhòng 权：秤砣；衡：秤杆。估量哪个轻，哪个重。比喻分别次要的和主要的。《商君书·弱民》："战不胜，守不固，此无法之所生也，释权衡而操轻重者。"
热火朝天		【热火朝天】rè huǒ cháo tiān 形容群众性运动或工作达到热烈高涨的境界，就像炽热的烈火朝天熊熊燃烧一般。
群起而攻之		【群起而攻之】qún qǐ ér gōng zhī 攻：指责，攻击。大家一齐起来指责、攻击他。

此起彼伏		【此起彼伏】cǐ qǐ bǐ fú 此：这；彼：那。这里起来，那里下去。形容接连不断地起来。又作“此伏彼起”。
闲情逸致		【闲情逸致】xián qíng yì zhì 逸：安闲；致：情趣。悠闲的心情和闲适的情趣。
欣欣向荣		【欣欣向荣】xīn xīn xiàng róng 欣欣：草木茂盛的样子；荣：茂盛。晋·陶潜《陶渊明集·归去来辞》：“木欣欣以向荣。”原来指草木长得茂盛。现在比喻事业蓬勃发展，繁荣兴旺。
物尽其用		【物尽其用】wù jìn qí yòng 让各种东西都充分发挥作用。

耳听八方		【耳听八方】ěr tīng bā fāng 形容人很机警。
花朝月夕		【花朝月夕】huā zhāo yuè xī 指良辰美景。《旧唐书·罗威传》："每花朝月夕，与宾佐赋咏，甚有情致。"也特指阴历二月半与八月半。
画饼充饥		【画饼充饥】huà bǐng chōng jī 画个饼子来解饿。比喻有虚名而无实惠，或以空想来自我安慰。《三国志·魏志·卢毓传》："选举莫取有名，名如画地作饼，不可啖也。"
化险为夷		【化险为夷】huà xiǎn wéi yí 险：险阻；夷：平安，平易。化险阻为平易。转危为安。

横扫千军		【横扫千军】héng sǎo qiān jūn 形容不费力气地打败、消灭了大量的敌人。
更深人静		【更（夜）深人静】gēng (yè) shēn rén jìng 更：夜间的计时单位，一夜分五更，每更约两小时。形容深夜没有人的声响，非常寂静。宋·蔡絛《西清诗话》引杨鸾诗："白日苍蝇满饭盘，夜间蚊子又成团，每到更深人静后，定来头上咬杨鸾。"
佛眼相看		【佛眼相看】fó yǎn xiāng kàn 比喻好心善意地看待，不加伤害。《儿女英雄传》："你快快说出实话，我还佛眼相看。"
奉若神明		【奉若神明】fèng ruò shén míng 奉：信奉；神明：神。尊敬得像迷信的人敬神一样。形容对某些人或事物极其尊重。多用于贬义。也作"敬若神明"。《左传·襄公十四年》："敬之如神明。"

洪水猛兽		【洪水猛兽】hóng shuǐ měng shòu 洪水：可能造成灾害的大水；猛兽：凶猛的残害生物的野兽。比喻极大的祸害。
汗马功劳		【汗马功劳】hàn mǎ gōng láo 汗马：骑马作战时马都跑出汗来了，比喻征战的劳苦。语本《韩非子·五蠹》“弃私家之事，而必汗马之劳”。原指在战争中立下的功劳。现在也指在工作中做出的贡献。
感同身受		【感同身受】gǎn tóng shēn shòu 感：感激；身：亲身。心里感激得就像亲身受到对方的恩惠一样。多用于代人向对方致谢。
和衷共济		【和衷共济】hé zhōng gòng jì 衷：内心；和衷：指同心；济：渡水。大家一条心，共同渡过江河。比喻同心协力，克服困难。

孤芳自赏		【孤芳自赏】gū fāng zì shǎng 孤芳：孤独的一枝香花。比喻自命清高，自我欣赏。也指脱离群众，自命不凡。
狗嘴里吐不出象牙		【狗嘴里吐不出象牙】gǒu zuǐ lǐ tǔ bù chū xiàng yá 比喻坏人嘴里说不出好话来。
改名换姓		【改名换姓】gǎi míng huàn xìng 改换原来的姓名。原作“变名易姓”。《史记·货殖列传》：“（范蠡）乃乘扁舟浮于江湖，变名易姓。”
各持己见		【各持（执）己见】gè chí (zhí) jǐ jiàn 各人都坚持自己的意见。

含辛茹苦		【含辛茹苦】hán xīn rú kǔ 辛：辣；茹：吃。形容忍受辛苦。
浩浩荡荡		【浩浩荡荡】hào hào dàng dàng 本指水势广阔浩大。宋·范仲淹《范文正公集·岳阳楼记》："浩浩荡荡，横无际涯。"后来形容规模很大，气势雄壮。
华而不实		【华而不实】huá ér bù shí 华：开花。花开得好看，却不结果实。比喻外表好看，内容空虚。《左传·文公五年》："且华而不实，怨之所聚也。"
孤儿寡妇		【孤儿寡妇】gū ér guǎ fù 孤儿：没有父母的孩子。没有依靠、无人保护的人。《晋书·石勒载记》："大丈夫行事，当磊磊落落，如日月皎然，终不能如曹孟德、司马仲达父子，欺他孤儿寡妇，狐媚以取天下。"

度德量力		【度德量力】duó dé liàng lì 度：量，计算。从道义和力量上估量自己。过去一般指统治者或有影响的人在重要行动前对自己充分的估量。《左传·隐公十年》："先主因屏人曰：'孤不度德量力，欲信（伸）大义于天下。'
和盘托出		【和盘托出】hé pán tuō chū 和：连同。端东西时连盘子一起托了出来。语见《警世通言·庄子休鼓盆成大道》。原来比喻毫无保留地全部拿出来。后来也比喻毫无保留地说出真情。
海阔天空		【海阔天空】hǎi kuò tiān kōng 像海一样的辽阔、天一样的没有边际。唐·僧玄览诗："大海从鱼跃，长空任鸟飞。"（见阮阅《诗话总龟》前集卷三十引《古今诗话》，"大海"也作"海阔"，"长空"也作"天空'。）原来比喻人的心胸开阔，无拘无束。现在比喻议论东拉西扯，漫无边际，或随意漫谈，没有中心。
拐弯抹角		【拐弯抹角】guǎi wān mò jiǎo 形容行路曲折很多。也比喻讲话不爽直。

光天化日		【光天化日】guāng tiān huà rì 光天：白天；化日：即治日（避唐讳改），指太平无事的时代。清·陆陇其《三鱼堂文集·答仇沧柱太史书》：“不才庸吏得于光天化日之下，效其驰驱。”原来形容太平盛世。后来转而形容大庭广众，是非、好坏谁都看得清楚的场合。
和气致祥		【和气致祥】hé qì zhì xiáng 致：招致。和蔼之气可以招来吉祥。《汉书·刘向传》：“和气致祥，乖气致异。”
邯郸学步		【邯郸学步】hán dān xué bù 邯郸：战国时赵国的都城；学步：学习走路。据《庄子·秋水》里说，燕国有个青年人到邯郸去，看见赵国人走路的姿势很好看，就跟着人家学。结果不但没学好，连自己原来的走法也忘记了，只好爬着回去。后来就用“邯郸学步”比喻模仿别人不到家，连自己原来会的东西也忘掉了。也作“学步邯郸”。
过目不忘		【过目不忘】guò mù bù wàng 形容记忆力特别强。《晋书·苻融传》：“耳闻则诵，过目不忘。”

画蛇添足		【画蛇添足】huā shé tiān zú 蛇画得好好的，又平空添上几只脚（蛇本来没有脚）。比喻多此一举。《战国策·齐策二》："楚有祠者，赐其舍人卮酒。舍人相谓曰：'数人饮之不足，一人饮之有余；请画地为蛇，先成者饮酒。'一人蛇先成，引酒且饮之，乃左手持卮，右手画蛇，曰：'吾能为之足。'未成，一人之蛇成，夺其卮曰：'蛇固无足，子安能为之足！'遂饮其酒。"（卮，酒杯之类的东西。）
相依为命		【相依为命】xiāng yī wéi mìng 互相依靠着过日子。有时形容两种事物互相依靠。《文选·李密〈陈情表〉》："母孙二人，更相为命。"清·蒲松龄《聊斋志异·王成》："小人无恒产，与相依为命，不愿售也。"
遐迩闻名		【遐迩闻名】xiá ěr wén míng 遐：远；迩：近。远近都听到名声。形容名声很大。
从井救人		【从井救人】cóng jǐng jiù rén 从：跟从。跟着跳下井去，搭救落井的人。比喻做好事的方式不恰当，不能救人反而危及自己。语本《论语·雍也》"井有仁（人）焉，其从之也？"

废寝忘食		【废寝忘食（餐）】fèi qǐn wàng shí (cān) 不去睡觉，忘记吃饭。形容专心致志地干某一件事情，连吃饭、睡觉都顾不上了。南齐·王融《曲水诗序》："犹且具明废寝，昃晷忘餐。"
逢凶化吉		【逢凶化吉】féng xiōng huà jí 逢：遭遇，遇到；凶：不幸；吉：吉利，吉祥。这是迷信的说法，他们认为运气好或有神灵保佑，就能把遇到的不幸转化为吉祥、顺利。
放荡不羁		【放荡不羁】fàng dàng bù jī 放荡：不受拘束，也指行为不检点；羁：约束。行动随便，不受约束。《晋书·王长文传》："少以才学知名，而放荡不羁，州府辟命皆不就。"
革故鼎新		【革故鼎新】gé gù dǐng xīn 革：除去；鼎：更新。破除旧的，建立新的。《周易·杂卦》："革，去故也；鼎，取新也。"

感激涕零		【感激涕零】gǎn jī tì líng 涕：眼泪；零：落。感激得掉下眼泪。形容极为感激。现多用于讽刺。唐·刘禹锡《刘梦得文集·平蔡行》诗："路旁老人忆旧事，相与感激皆涕零。"
横行霸道		【横行霸道】héng xíng bà dào 形容坏人胡作非为，蛮不讲理。《红楼梦》第九回："一任薛蟠横行霸道，他不但不去管约，反而助纣为虐讨好儿。"
攻守同盟		【攻守同盟】gōng shǒu tóng méng 同盟：古时指诸侯间缔结盟约；也指两国或更多的国家缔结的政治、军事或经济等方面的合作关系。原指国际间订立的军事上共同攻守的同盟条约。现在多用以比喻坏人暗中勾结串连，互不揭发，各自拒不交代罪行。
孤苦伶仃		【孤苦伶仃】gū kǔ líng dīng 孤：很小就没有父母；伶仃：孤独，没有依靠。困苦孤单，无依无靠。语出《文选·李密〈陈情表〉》。

狗眼看人低		【狗眼看人低】gǒu yǎn kàn rén dī 看人低：指看不起穷人。比喻眼光势利。
何乐不为		【何乐不为】hé lè bù wéi 为：做。为什么不乐意做呢？即当然可以做，很愿意做。
附庸风雅		【附庸风雅】fù yōng fēng yǎ 附庸：原指附属于诸侯的小国，这里是附属、追随的意思；风雅：本指《诗经》中《国风》、《大雅》、《小雅》等类诗篇，后来泛指文化程度，文学才能。指过去有些地主、商人本来文化水平不高，却硬要装作有一定的文化素养。
和风细雨		【和风细雨】hé fēng xì yǔ 和风：指春天的风。意即不粗暴。比喻从团结的愿望出发，通过摆事实、讲道理及批评和自我批评等方式来解决人民内部矛盾。

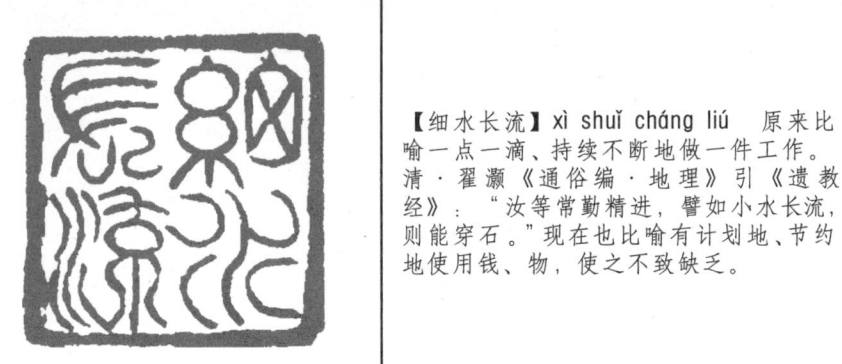

细水长流		【细水长流】xì shuǐ cháng liú 原来比喻一点一滴、持续不断地做一件工作。清·翟灏《通俗编·地理》引《遗教经》："汝等常勤精进，譬如小水长流，则能穿石。"现在也比喻有计划地、节约地使用钱、物，使之不致缺乏。
相敬如宾		【相敬如宾】xiāng jìng rú bīn 宾：宾客。指夫妻互相尊敬，如同对待客人一样。《后汉书·逸民传·庞公传》："居岘山之南，未尝入城府，夫妻相敬如宾。"
归心似箭		【归心似箭】guī xīn sì jiàn 希望像箭离弦后那样快地回到家。形容想回去（过去只指回家）的心情十分急切。
大公无私		【大公无私】dà gōng wú sī 清·龚自珍《龚定庵（ān）集·论私》："且今之大公无私者，有杨、墨之贤耶？"原来是笼统地指没有私心。现在指一切为人民群众的利益着想，毫无个人打算。

风流罪过		【风流罪过】fēng liú zuì guò 风流：原指封建士大夫所谓的风雅。原指由于风雅而犯的过错。《北齐书·郎基传》：“（基）曾语人云：‘任官之所……惟顽令写书。’潘子义遗之书曰：‘在官写书，亦是风流罪过。’”后多指轻微的过错。
粉饰太平		【粉饰太平】fěn shì tài píng 粉饰：为了掩盖而涂饰表面。把混乱的局面装扮成太平的样子。
付之一笑		【付之一笑】fù zhī yī xiào 用笑一笑来回答，对待它。形容不值得理会。宋·陆游《老学庵笔记》卷四：“乃知朝士妄望，自古已然，可付一笑。”
发扬蹈厉		【发扬蹈厉】fā yáng dǎo lì 发扬：奋发，这里指舞蹈时手足齐动；蹈：跳，踏；厉：猛烈；蹈厉：指舞蹈时猛烈地用脚踏地。原来形容舞蹈时动作猛烈威武，表现出勇往直前的意志。后来用以比喻精神奋发，意气昂扬。《史记·乐书》：“发扬蹈厉，太公之志也。”

洗心革面		【洗心革面】xǐ xīn gé miàn 洗心：清洗内心的污浊；革面：改变旧面目。比喻彻底悔改。宋·辛弃疾《淳熙己亥论盗贼札子》："自今以始，洗心革面。"
大义灭亲		【大义灭亲】dà yì miè qīn 亲：亲属。为了维护国家人民的利益，对犯罪的亲人不徇私情，使受到应有的惩罚。《左传·隐公四年》记载，卫国大夫石碏的儿子石厚与公子州吁同谋杀死桓公，因此石碏就把石厚杀掉了，当时有人称赞说："大义灭亲，其是之谓乎！"
大声疾呼		【大声疾呼】dà shēng jí hū 疾：急。指向人迫切地大声呼吁，使人警觉。唐·韩愈《昌黎先生集·后十九日复上宰相书》："行且不息，以蹈于穷饿之水火，其既危且亟矣，大其声而疾呼矣！"
五洲四海		【五洲四海】wǔ zhōu sì hǎi 指全世界各地。

换汤不换药		【换汤不换药】huàn tāng bù huàn yào 汤：中医方剂名称。比喻名称或外表虽已改掉，而实质未变，还是老一套。
喜闻乐见		【喜闻乐见】xǐ wén lè jiàn 喜欢听，乐意看。
促膝谈心		【促膝谈心】cù xī tán xīn 促：挨近。古人席地而坐，或者坐在床上，两人对坐时，膝盖靠近，叫做“促膝”。形容靠近坐着，谈心里话。
规矩准绳		【规矩准绳】guī jǔ zhǔn shéng 规、矩：校正圆形，方形的两种工具；准、绳：水准和绳墨，测定平、直的工具。比喻规格、标准。汉·王符《潜夫论·赞学》：“譬犹巧捶之为规矩准绳 以遗后工也。”（捶，古代有名的巧匠。）

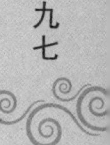

洗耳恭听		【洗耳恭听】xǐ ěr gōng tīng 形容恭敬地听别人讲话。请人讲话时说的客气话。元·周权《此山集·秋霁》诗："酒醒谁鼓《松风操》，炷罢炉熏洗耳听。"现在也用于带有讽刺或开玩笑的意味。
喜笑颜开		【喜笑颜开】xǐ xiào yán kāi 颜：脸色。形容心里高兴、满面笑容的样子。
五谷不分		【五谷不分】wǔ gǔ bù fēn 不参加劳动，分不清五谷。《论语·微子》记载，有一次子路跟随孔丘出外，途中子路落在后面找不到孔丘了，正好遇上一位锄草的老大爷。子路问他说："您看见我们夫子吗？"那老大爷说："四体不勤，五谷不分，谁知道你们夫子是什么人？"后泛用以形容脱离劳动，脱离劳动人民。
喜形于色		【喜形于色】xǐ xíng yú sè 形：表现；色：脸色。内心的喜悦已经控制不住而从脸上表现出来。宋·孙光宪《北梦琐言》卷三："长乐公拜谢，辞出宅，速鞭而归，于通衢遇友人郑賨见其喜形于色，驻马恳诘。"

乔装改扮		【乔装改扮】qiáo zhuāng gǎi bàn 乔：假；乔装：改变服装、面貌；改扮：这里指化装。改变原来外形，使人不认识自己。也作“乔装打扮”。
登堂入室		【登堂入室】dēng táng rù shì 堂：古代宫室的前屋；室：古代宫室的后屋。登上厅堂，进入内室。比喻造诣高深的程度。入室比喻最高境界，登堂仅次于入室。《汉书·艺文志》：“如孔氏之门人用赋也，则贾谊登堂，相如入室矣。”
冬日可爱		【冬日可爱】dōng rì kě ài 冬日：冬天的太阳。比喻温和慈爱。《左传·文公七年》记载，酆舒问贾季：赵衰、赵盾父子哪一个好？贾答：“赵衰，冬日之日也；赵盾，夏日之日也。”杜预注：“冬日可爱，夏日可畏。”
孤军奋战		【孤军奋战】gū jūn fèn zhàn 孤立无援的军队单独奋斗。

小巧玲珑		【小巧玲珑】xiǎo qiǎo líng lóng 玲珑：灵巧、灵活的样子。形容器物的形体小而精巧。宋·辛弃疾《稼轩长短句·临江仙》：“莫笑吾家巷壁小，稜层势欲摩空。相知唯有主人翁；有心雄泰华，无意巧玲珑。”
无所不为		【无所不为】wú suǒ bù wéi 为：做，干。没有不做的事。指什么坏事都干得出。《三国志·吴志·张温传》：“挟其奸心，无所不为。”
无所措手足		【无所措手足】wú suǒ cuò shǒu zú 措：放置，处理。没有地方放手和脚。形容没有办法，不知怎样才好。语出《论语·子路》。
逍遥法外		【逍遥法外】xiāo yáo fǎ wài 逍遥：悠闲自在的样子。指犯法的人没有受到法律制裁，仍旧自由自在。

独到之处		【独到之处】dú dào zhī chù 与众不同的见解（地方）。
洞见症结		【洞见症结】dòng jiàn zhèng jié 洞：透彻；症结：腹内结块的病。形容观察锐利，看到问题的关键。语本《史记·扁鹊仓公列传》“尽见五脏症结”。
大辂椎轮		【大辂椎轮】dà lù zhuī lún 大辂：古代大车；椎轮：没有辐条的原始车轮，比喻初创的事物还不完善。构制完备的大车是从简陋的无辐车轮开始的。比喻事物是由简陋阶段开始，而逐渐进步完善的。梁·萧统《文选序》：“椎轮为大辂之始，大辂宁有椎轮之质。”
纷至沓来		【纷至沓来】fēn zhì tà lái 纷：众多，杂乱；沓：重复。形容接连不断地到来。

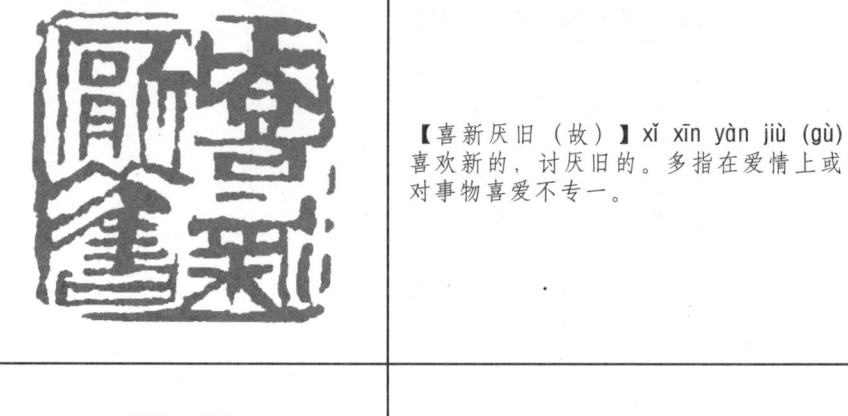

喜新厌旧		【喜新厌旧（故）】xǐ xīn yàn jiù (gù) 喜欢新的，讨厌旧的。多指在爱情上或对事物喜爱不专一。
握手言欢		【握手言欢】wò shǒu yán huān 握手谈笑。形容亲热、友好。现多形容不和以后又和好。《后汉书·李通传》：“及相见，共语移日，握手极欢。”
心甘情愿		【心甘情愿】xīn gān qíng yuàn 心里完全愿意，没有一点勉强。
五光十色		【五光十色】wǔ guāng shí sè 形容色彩鲜艳、纷繁或式样繁多。南朝·梁·江淹《江文通集·丽色赋》：“五光徘徊，十色陆离。”

东海扬尘		【东海扬尘】dōng hǎi yáng chén 东海变成陆地，扬起灰尘。比喻时势变迁。传说神仙麻姑对王方平说："向到蓬莱，水浅于往略半也。东海行复扬尘乎？"
大风大浪		【大风大浪】dà fēng dà làng 原指自然界的狂风巨浪，现多用以比喻社会的大动荡、大变化。
大吹大擂		【大吹大擂】dà chuī dà léi 吹：吹喇叭；擂：擂鼓。原指器乐齐奏。《元曲选·贾仲名〈萧淑兰〉四》："小的每，与我大吹大擂者！"现多比喻大肆宣扬，过分地夸张或显示。
大功告成		【大功告成】dà gōng gào chéng 功：事业。巨大的工程或重要的任务宣告完成。

一家眷属		【一家眷属】yī jiā juàn shǔ 眷属：亲属。比喻出于同一流派。康有为《广艺舟双楫·本汉》："《孔宙》、《曹全》是一家眷属，皆以风神逸宕胜。"
一棍子打死		【一棍子打死】yī gùn zi dǎ sǐ 比喻把犯错误的人彻底打倒的错误做法。也比喻对有缺点的事物不加分析地完全抹杀。
无地自容		【无地自容】wú dì zì róng 没有地方可以让自己容身。形容羞愧到了极点。《三国志·魏志·管宁传》："夙宵战怖，无地自厝。"
一目十行		【一目十行】yī mù shí háng 一眼看十行书。形容看书速度很快。语出《红楼梦》第二十三回："黛玉笑道：'你说你会过目成诵，难道我就不能一目十行了？'"

独辟蹊径		【独辟蹊径】dú pì xī jìng 蹊径：小路。独自开辟一条新路。比喻独创新法。
二姓之好		【二姓之好】èr xìng zhī hǎo 二姓：指结婚的男女两家。指两家结成婚姻。《礼记·昏（婚）义》："昏礼者，将合二姓之好，上以事宗庙，而下以继后世也。"
大是大非		【大是大非】dà shì dà fēi 属于政治原则性的是非问题。
淡泊明志		【淡泊明志】dàn bó míng zhì 淡泊：不追求名利。生活简单朴素才能显示出自己的志趣。三国·汉·诸葛亮《戒子书》："非淡泊无以明志，非宁静无以致远。"

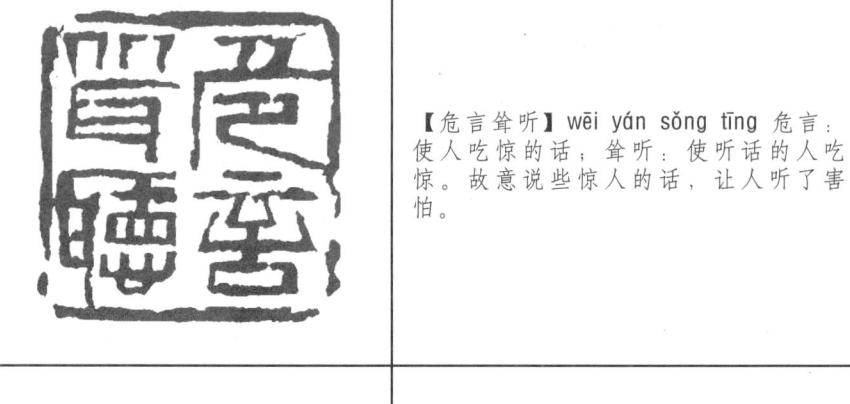

危言耸听		【危言耸听】wēi yán sǒng tīng 危言：使人吃惊的话；耸听：使听话的人吃惊。故意说些惊人的话，让人听了害怕。
望穿秋水		【望穿秋水】wàng chuān qiū shuǐ 秋水：指眼睛。把眼睛都望穿了。形容对远地亲友的殷切盼望。元·王实甫《西厢记》第三本第二折："望穿他盈盈秋水，蹙损他淡淡眉山。"
忘乎所以		【忘乎（其）所以】wàng hū (qí) suǒ yǐ 忘记了一切。形容因骄傲自满而得意忘形。
望洋兴叹		【望洋兴叹】wàng yáng xīng tàn 望洋：抬起头来看的样子。《庄子·秋水》里说，河伯（即河神）因河水涨大就自以为大得了不起。后来到了海边，望见无边无际的海洋，才感到惭愧，"于是焉，河伯始旋其面目，望洋向若而叹"。原指看到人家的伟大，才感到自己的渺小。后来比喻做事力量不够或缺乏条件而感到无可奈何。

戴月披星		【戴（带）月披星】dài yuè pī xīng 形容早出晚归，也形容不分昼夜地走路或在野外辛勤劳动。清·蒲松龄《聊斋志异·毛狐》："戴月披星，终非了局。"
调兵遣将		【调兵遣将】diào bīng qiǎn jiàng 调动兵马，派遣将领。引申为调用各种人力。
颠倒是非		【颠倒是非】diān dǎo shì fēi 把是说成非，把非说成是。唐·韩愈《昌黎先生集·施先生墓铭》："古圣人言，其旨密微，笺注纷罗，颠倒是非。"
地广人稀		【地广人稀】dì guǎng rén xī 土地广阔，人烟稀少。原作"地广民稀"。《汉书·地理志下》："自武威以西……习俗颇殊，地广民稀。"

围城打援		【围城打援】wéi chéng dǎ yuán 援：指援兵。进攻的一方以一部分兵力包围据守城镇或据点的敌人，诱使敌人从其他地方派兵援救，而以事先部署好的主力部队来歼灭敌人的援兵。
万岁千秋		【万岁千秋】 wàn suì qiān qiū 犹言千秋万代，形容岁月长久。也作“千秋万岁”。《战国策·楚策一》：“于是楚王游于云梦……仰天而笑曰：‘乐矣，今日之游也。寡人万岁千秋之后，谁与乐此矣？’”
一家之言		【一家之言】yī jiā zhī yán 指有独特的见解、自成体系的学术论著。汉·司马迁《报任少卿书》：“亦欲以究天人之际，通古今之变，成一家之言。”也指一个学派或个人的说法或理论。
危机四伏		【危机四伏】wēi jī sì fú 伏：隐藏。处处隐藏着危险的祸根。

大书特书		【大书特书】dà shū tè shū 书：写文章。唐·韩愈《昌黎先生集·答元侍御书》："而足下年尚强，嗣德有继，将大书特书，屡书不一书而已也。"原意是说甄济、甄逢父子的事迹，连元侍御（元稹）本人乐于表彰他们的功劳，都要着重地写入史书。后来转用"大书特书"形容文章意义重大，需要用力去写，着重去写。也指事件重要，特别值得加以记载，以引起人们注意。
骨瘦如豺		【骨瘦如豺（柴）】gǔ shòu rú chái 形容消瘦到极点。宋·陆佃《埤雅·释兽》："又曰：瘦如豺。豺，柴也。豺体细瘦，故谓之豺。"
丁一确二		【丁一确二】dīng yī què èr 丁：钉，钉钉，确实的意思。一钉钉，二确实。形容确凿不移。宋·朱熹《朱子语类·易五》："修辞便立诚，如今人持择言语，丁一确二，一字是一字，一句是一句，便是立诚。"
古道热肠		【古道热肠】gǔ dào rè cháng 古道：上古时代的风俗习惯，形容厚道；热肠：热心肠。形容待人真挚、热情。

天罗地网		【天罗地网】tiān luó dì wǎng 罗：捕鸟的网。天作为罗，地作为网。比喻包围严密。《元曲选·李寿卿〈伍员吹箫〉一》："若不是芈建来说就里，白破了这厮谎，险些儿被赚入天罗地网。"也比喻对敌人、罪犯等的严密防范。
糖衣炮弹		【糖衣炮弹】táng yī pào dàn 糖衣裹着的炮弹。比喻腐蚀、拉拢，拖人下水的手段。
铁证如山		【铁证如山】tiě zhèng rú shān 铁证：铁一样的证据。形容证据确凿，像山一样不能动摇。
偷梁换柱		【偷梁换柱】tōu liáng huàn zhù 比喻暗中玩弄手法，用假的代替真的。《红楼梦》第九十七回："偏偏凤姐想出一条偷梁换柱之计。"

反戈一击		【反戈一击】fǎn gē yī jī 戈：古代的一种兵器。掉转矛头，向自己原来从属的阵营进攻。
非亲非故		【非亲非故】fēi qīn fēi gù 亲：亲属；故：故旧，老朋友，老熟人。不是亲属，也不是故旧。表示彼此毫无关系。唐·马戴《寄贾岛》诗："佩玉与锵金，非亲亦非故。"
大法小廉		【大法小廉】dà fǎ xiǎo lián 旧时指大臣尽忠，小臣尽职。《礼记·礼运》："大臣法，小臣廉，官职相序，君臣相正，国之肥也。"
大器晚成		【大器晚成】dà qì wǎn chéng 大器：比喻大才。《老子》四十二章："大器晚成，大音希声。"原来是说，大才需要长时间才能成器。后来转用做对长期不得意的人的安慰话。

土崩瓦解		【土崩瓦解】tǔ bēng wǎ jiě 比喻完全崩溃，不可收拾，好像土的崩塌，瓦的分解一样。《史记·秦始皇本纪》："秦之积衰，天下土崩瓦解。"
头头是道		【头头是道】tóu tóu shì dào 宋·胡仔《苕溪渔隐丛话卷二十三》引《诗眼》："老杜《红樱桃》诗……此诗如禅家所谓信手拈来，头头是道者，直书目前所见，平易委曲，得人心所同然，但他人艰难不能发耳。"后来用以形容说话或做事有条有理。
天衣无缝		【天衣无缝】tiān yī wú fèng 天仙做的衣服没有缝儿。前蜀·牛峤《灵怪录》里说，郭翰在月夜乘凉，一个仙女忽然从天上下来，自称是织女。郭问她的衣服为什么不见缝儿，织女答道："天衣本非针线为也。"后来就用"天衣无缝"比喻事物完美自然，没有一点破绽、痕迹或缺点。
铁画银钩		【铁画银钩】tiě huà yín gōu 画：笔画；钩：钩勒。形容书法刚健而柔媚。唐·欧阳询《用笔沦》："徘徊俯仰，容与风流，刚则铁画，媚若银钩。"

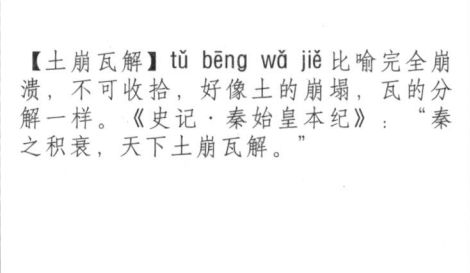

低三下四		【低三下四】dī sān xià sì 形容地位的低下。也形容卑躬屈膝、没有骨气的丑态。
胆大妄为		【胆大妄为】dǎn dà wàng wéi 妄为：乱做，胡搞。形容毫无顾忌地胡搞。
掂斤播两		【掂斤播两】diān jīn bō liǎng 掂：放在手上估量东西的轻重。估量轻重。比喻在琐碎事情上斤斤计较。《西厢记》第一本第二折："尽着你说短论长，一任待掂斤播两。"
从善如登		【从善如登】cóng shàn rú dēng 从：顺从；登：升高。顺从好的就像登高一样。比喻学好不容易，要花力气。《国语·周语下》："谚曰：'从善如登，从恶如崩。'"韦昭注："如登，喻难；如崩，喻易。"

偷工减料		【偷工减料】tōu gōng jiǎn liào 原指建筑业的奸商在承包的工程中克扣必要的工料。后也比喻私自扣减或删除一些原有的成分。也指做事贪图省力，马虎，敷衍。
听天由命		【听天由命】tīng tiān yóu mìng 由：听从，随顺。听凭天意和命运。这原是宿命论观点，现有时也比喻任凭事态自然发展变化，不做主观努力。
铁石心肠		【铁石心肠】tiě shí xīn cháng 像铁和石头一样的心肠。形容不动感情。《复斋漫录》：“晁无咎玉山过彭门，而无已（陈无已）废居里中，无咎出小鬟舞梁州佐酒，无已作《木兰花》云……无咎云：人疑宋开府铁心石肠，及为《梅花赋》，清腴艳发，殆不类其为人。无已清适，虽铁石心肠，不至于开府，而此词清腴艳发，过于《梅花赋》矣。”
同归于尽		【同归于尽】tóng guī yú jìn 尽：完。一起毁灭。

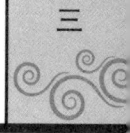

顾盼自雄		【顾盼自雄】gù pàn zì xióng 顾盼：左顾右盼，得意忘形的样子。左看右看，觉得自己了不起。
等而下之		【等而下之】děng ér xià zhī 与之同一等级而比之更低。形容比某一事物更差。
大含细入		【大含细入】dà hán xì rù《文选·扬雄〈解嘲〉》：“大者含元气，细者入无间。”原指文章内容精博，既包涵天地的元气，又概括了极微小的事物。后来用以称赞文章的博大精深。
戴盆望天		【戴盆望天】dài pén wàng tiān 头上顶着盆来看天。比喻行为和目的相反。汉·司马迁《报任少卿书》：“仆以为戴盆何以望天。”

天真烂漫		【天真烂漫】tiān zhēn làn màn 天真：指人心地单纯，没有虚伪做作；烂漫：坦率自然的样子。原来形容纯真自然，不夹杂虚伪做作。现也形容青少年、儿童心地单纯善良。
铁案如山		【铁案如山】tiě àn rú shān 案：犯罪的记录或结论。罪行确实，像山一样不能动摇。
万流景仰		【万流景仰】wàn liú jǐng yǎng 万流：指各方面的人。天下人都尊敬，仰慕。
玩世不恭		【玩世不恭】wán shì bù gōng 玩世：用消极、游戏的态度对待生活；不恭：不严肃。原指轻视或嘲弄当时的礼法。后指不满现实又不敢反抗斗争，只是用不严肃的态度对待世事的那种消极态度。

东涂西抹		【东涂西抹】dōng tú xī mǒ 比喻随意提笔，随意作文。五代·王定保《唐摭言·慈恩寺题名游赏赋咏杂记》：“薛监（逢）晚年厄于宦途，尝策羸赴朝·值新进士榜下，缀行而出。时进士团所由辈数十人，见逢行李萧条，前导曰：‘回避新郎君！’逢輾然，即遣一介语之曰：‘报道莫贫相！阿婆三五少年时，也曾东涂西抹来。’”意思是，他年青时也曾凭诗文取得功名，用不着骄傲。现在也用以形容到处写字，但书法并不到家。
颠扑不破		【颠扑不破】diān pū bù pò 颠：跌；扑：敲。形容言论或学说合乎客观实际，永远不会被推翻。宋·朱熹《朱子全书·性理三·心》：“既能体之而乐，则亦不患不能守，须如此而言，方是颠扑不破，绝渗漏，无病败耳。”
大权旁落		【大权旁落】dà quán páng luò 指主管人员让权柄落到别人手里。清·顾炎武《日知录·卷九·宦官》：“以宣庙之纳谏求言，而廷臣未有论及此者，驯致秉笔之奄（阉），其尊侔于内阁，而大权旁落，不可复收，得非内书堂阶之厉乎？”
打落水狗		【打落水狗】dǎ luò shuǐ gǒu 落水狗：比喻被打败的敌人。比喻对敌人打击一定要坚决、彻底，绝不能宽容或妥协。

外强中干		【外强中干】wài qiáng zhōng gān《左传·僖公十五年》记载，晋国将要同秦国打仗，晋惠公要用郑国输入的马拉他的战车，庆郑劝他改用本国产的马，说外来的马跟人配合不好，到作战时一紧张，可能就“张脉偾兴，外强中干；进退不可，周旋不能”。原来是说马到作战时一紧张，外貌虽还强壮，而内部已经气虚力竭。后泛用以形容外表强壮，内部虚弱。
一举两得		【一举两得】yī jǔ liǎng dé 做一件事而得到两方面的好处。《东观汉记·耿弇传》：“吾得临淄，即西安孤，必覆亡矣，所谓一举而两得者也。”
头重脚轻		【头重脚轻】tóu zhòng jiǎo qīng 上面重，下面轻。比喻基础不稳固。
歪风邪气		【歪风邪气】wāi fēng xié qì 不良的作风和风气。

东扶西倒		【东扶西倒】dōng fú xī dǎo 扶了东面的，西面的又倒下了。形容难于扶持、培植。宋·杨万里《诚斋集·过南荡》蘼："笑杀槿篱能耐事，东扶西倒野荼蘼。"也形容顾此失彼。也形容没有主见，摇摆不定。
焚膏继晷		【焚膏继晷】fén gāo jì guǐ 焚：烧；膏：油脂，指灯烛；晷：日光。点着灯烛接替日光来照明。形容夜以继日地工作或学习。唐·韩愈《昌黎先生集·进学解》："焚膏油以继晷，恒兀(wù)兀以穷年。"
匪夷所思		【匪夷所思】fěi yí suǒ sī 匪：非，不是；夷：平常。《周易·涣》："涣有丘，匪夷所思。"原来是指一般人所想象不到的。后来形容人的思想离奇。
分道扬镳		【分道（路）扬镳】fēn dào (lù) yáng biāo 镳：马勒口，扬镳：指驱马前进。形容分路而行。，《北史·魏宗室河间公齐传》："孝文（元宏）曰：'洛阳，我之丰沛，自应分路扬镳；自今以后，可分路而行。'"也比喻双方各有造诣，不让一方独占一时。后比喻各自向不同的目标前进。

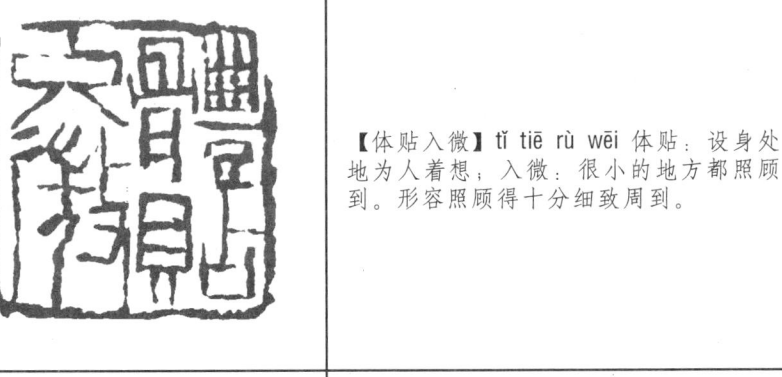

体贴入微		【体贴入微】tǐ tiē rù wēi 体贴：设身处地为人着想；入微：很小的地方都照顾到。形容照顾得十分细致周到。
一刀两断		【一刀两断】yī dāo liǎng duàn 比喻坚决地断绝关系。
一概而论		【一概而论】yī gài ér lùn 概：过去量米麦时刮平斗斛的器具；一概：同一个标准，一律。用同一个标准来评论或看待。指对问题不作具体分析，笼统地看成一样。《楚辞·怀沙》："同糅玉石兮，一概而相量。"
望眼欲穿		【望眼欲穿】wàng yǎn yù chuān 把眼睛都快望穿了。形容盼望的急切。唐·白居易《白氏长庆集·寄微之》诗："白头吟处变，青眼望中穿。"

当断不断		【当断不断】dāng duàn bù duàn 到了应该做出决断的时候，而不能决断。《史记·齐悼惠王世家》："当断不断，反受其乱。"
低声下气		【低声下气】dī shēng xià qì 形容说话恭顺小心卑躬屈膝的样子。
丁是丁，卯是卯		【丁是丁，卯是卯】dīng shì dīng，mǎo shì mǎo 丁：天干之一；卯：地支之一。干支一错误，就影响年月的记录。"丁卯"又是"钉卯"的谐音。钉是器物接榫的榫头，卯是器物接榫的凹入处。钉和卯错误了就安不上。形容做事认真，没有一点不合规定的要求。
独行其是		【独行其是】dú xíng qí shì 不考虑别人意见，自己认为对的就做。

耸人听闻		【耸人听闻】sǒng rén tīng wén 耸：惊动。原指听了使人震惊，现也指夸大或捏造事实来使人震惊。
损人不利己		【损人不利己】sǔn rén bù lì jǐ 损害了别人，结果对自己也没有好处。
天崩地坼		【天崩地坼（裂）】tiān bēng dì chè (liè) 坼：开裂。天坍塌，地开裂。比喻重大事变。也形容倒塌或爆炸声音的强烈。《战国策·赵策三》：“天崩地坼，天子下席。”
树碑立传		【树碑立传】shù bēi lì zhuàn 树：树立；碑：指歌颂功德的石碑；传：传记，记载某一个人的主要事迹的一种文体。原指对人或事进行歌颂并让其流传久远。现在比喻树立个人威信，抬高个人的声望。含贬义。

鼎鼎大名		【鼎鼎大名】dǐng dǐng dà míng 鼎鼎：盛大的样子。形容名声很大。也作“大名鼎鼎”。
羝羊触藩		【羝羊触藩】dī yáng chù fān 羝羊：公羊；触：抵撞；藩：篱笆。《周易·大壮》：“羝羊触藩，羸其角。”意思是公羊同篱笆抵撞，就把角缠在上面，进退不得。后来就用“羝羊触藩”比喻进退两难。
洞察一切		【洞察一切】dòng chá yī qiè 洞：透彻，深入。对一切都看得很透彻、深入。
胡作非为		【胡作非为】hú zuò fēi wéi 肆无忌惮地做坏事。

深思熟虑		【深思熟虑】shēn sī shú lǜ 深：周详；熟：细致审慎。反复地深入细致地考虑。宋·苏轼《策别第九》：“而其人亦得深思熟虑，周旋于其间，不过十年，将必有卓然可观者也。”
时不再来		【时不再来】shí bù zài lái 时机错过就不会再来了。鼓励人要抓紧时机。《汉书·蒯伍江息夫》：“时乎时，不再来！”
拾金不昧		【拾金不昧】shí jīn bù mèi 金：原指金钱，现泛指贵重物品；昧：隐藏。拾到东西，不隐藏起来，设法交还原主。
时不我与		【时不我与】shí bù wǒ yǔ 时：时机，时间；我与：“与我”的倒装。再没有时间给我了。表示嗟叹机会错过，追悔不及。三国·魏·嵇康《嵇中散集·幽愤诗》：“实耻讼冤，时不我与！”也作“岁不我与”。《论语·阳货》：“日月逝矣，岁不我与。”

纷红骇绿		【纷红骇绿】fēn hóng hài lǜ 红：指红花；骇：散乱；绿：指绿叶。纷披的红花，散乱的绿叶。形容花叶随风摆动。唐·柳宗元《河东先生集·袁家渴记》："每风自四山而下，振动大木，掩苒众草，纷红骇绿，蓊葧香气。"
颠沛流离		【颠沛流离】diān pèi liú lí 颠沛：跌倒，比喻生活困难、窘迫；流离：为了生活东奔西走，家人离散。也作"流离颠沛"。
独善其身		【独善其身】dú shàn qí shēn 独：唯独；善：好，维护。语出《孟子·尽心上》。现指只顾自己好，不顾别人。
飞蛾投火		【飞蛾投火】fēi é tóu huǒ 比喻自寻死路。元·无名氏《谢金吾》："我曾着人拿住杨景、焦赞两个，正是飞蛾投火，不怕他不死在手里。"

胜任愉快		【胜任愉快】shèng rèn yú kuài 胜（旧读平声）任：担当得起或承受得住。能担得起重担，而且令人满意地完成任务。《史记·酷吏列传》：“当是之时，吏治若救汤扬沸，非武健严酷，恶能胜其任而愉快乎！”
失魂落魄		【失魂落魄】shī hún luò pò 形容心神不宁，行动失常，惊慌之极。《官场现形记》第五十三回：“尹子崇虽然也同他周旋，毕竟是贼人胆虚，终不免失魂落魄。”
四面楚歌		【四面楚歌】sì miàn chǔ gē 《史记·项羽本纪》记载，楚霸王项羽被刘邦围困在垓下，“夜闻汉军四面皆楚歌，项王乃大惊，曰：‘汉皆已得楚乎？是何楚人之多也！’”后来用以比喻孤立无援、四面受敌的处境。
生花妙笔		【生花妙笔】shēng huā miào bǐ 五代·王仁裕《开元天宝遗事·梦笔头生花》：“李太白少时，梦所用之笔头上生花，后天才赡溢，名闻天下。”用以称赞人有杰出的写作才能。

洞天福地		【洞天福地】dòng tiān fú dì 道教编造的神仙居住的名山胜境，有所谓十大洞天，三十六小洞天，七十二福地。见唐·杜光庭《洞天福地岳渎名山记》。后用以比喻胜境、名区。
一不做，二不休		【一不做，二不休】yī bù zuò，èr bù xiū 唐·赵元一《奉天录》记载，唐德宗时张光晟随着朱泚反叛，在朱泚快失败时，张杀了朱泚投降了征讨朱泚的李晟，但李晟还是把张光晟处了死刑。张在临死时说："传语后人：第一莫作，第二莫休。"意思是要么不干，既然干了就索性干到底。
刁钻古怪		【刁钻古怪】diāo zuān gǔ guài 刁钻：狡诈；古怪：违反一般情况，使人感到离奇。形容奸猾狡诈，与众不同。
迭床架屋		【迭床架屋】diē chuáng jià wū 比喻重复。

生灵涂炭		【生灵涂炭】 shēng líng tú tàn 生灵：指百姓；涂炭：泥沼和炭火，比喻困苦。形容政治混乱时期人民处于极端困苦的境地。《晋书·苻丕载记》：“先帝晏驾贼庭，京师鞠为戎穴，神州萧条，生灵涂炭。”
十全十美		【十全十美】shí quán shí měi 形容完满无缺。
声情并茂		【声情并茂】shēng qíng bìng mào 声：指唱腔或语言的音乐性；并：（两方面）都；茂：草木丰盛的样子，引申为美丽而丰盛。形容演唱时唱腔或语言的音乐性有很深的造诣，所表达的感情又很充沛而动人。
鼠目寸光		【鼠目寸光】shǔ mù cùn guāng 形容眼光短浅，只能看到近处、小处，看不到远处、大处。

洞房花烛		【洞房花烛】dòng fáng huā zhú 洞房：深邃的内室，新房；花烛：彩烛，六朝以来婚礼时用。指新婚之夜。梁·庾信《庾子山集·和咏舞》诗："洞房花烛明，燕余双舞轻。"（一作"舞余双燕轻"。）
淡妆浓抹		【淡妆浓抹】dàn zhuāng nóng mǒ 妆：妆饰；抹：涂抹。形容淡素和浓艳两种不同的妆饰。宋·苏轼《饮湖上初晴后雨》诗："若把西湖比西子，淡妆浓抹总相宜。"
独断专行		【独断专行】dú duàn zhuān xíng 专行：按个人的意思办事。指单独决断，并照着实行。形容作风不民主。
栋梁之材		【栋梁之材】dòng liáng zhī cái 能做屋栋屋梁的木材。比喻能担负国家重任的人。南朝·宋·刘义庆《世说新语·赏誉》："庾子嵩目和峤，森森如千丈松，虽磊砢有节目，施之大厦，有栋梁之用。"

书生气十足		【书生气十足】shū shēng qì shí zú 比喻政治上糊涂，看问题单纯、幼稚。
生离死别		【生离死别】shēng lí sǐ bié 死别：永别，到死不能再见。难以再见或永久的离别。唐·杜甫《梦李白》诗："死别已吞声，生别长恻恻。"
声威大震		【声威大震】shēng wēi dà zhèn 声势和威望使人大为震惊。形容声势极大。
时不可失		【时不可失】shí bù kě shī 时：时机；失：失去，错过。紧紧抓住时机，不能随便放过。《国语·晋语》："时不可失，丧不可久。"

花花公子		【花花公子】huā huā gōng zǐ 指服装华丽，游手好闲，不务正业，只会吃喝玩乐的有钱有势人家的子弟。
分我杯羹		【分我杯羹】fēn wǒ bēi gēng 杯：一杯；羹：肉汁。《史记·项羽本纪》记载，秦末，楚汉相争，刘邦的父亲为项羽所俘。其后两军相持，项羽派人对刘邦说："今不急下，我烹太公。"刘邦说："吾翁即若（汝）翁，必欲烹而（尔）翁，则幸分我一杯羹。"后来就用"分我杯羹"表示分享利益。也作"分一杯羹"。
丢盔弃甲		【丢盔弃（卸）甲】diū kuī qì (xiè) jiǎ 盔、甲：古代作战时用的护头帽和护身衣。形容吃败仗后逃跑的狼狈相，也比喻一般事情的失败。
独夫民贼		【独夫民贼】dú fū mín zéi 独夫：指荒淫残暴、众叛亲离的暴君；民贼：残害人民的人。

失道寡助		【失道寡助】shī dào guǎ zhù 违背正义必然陷于孤立。语本《孟子·公孙丑下》“得道者多助，失道者寡助”。
视死如归		【视死如归】shì sǐ rú guī 形容不怕死，把死看作像回家一样。形容为了正义事业，不惜牺牲生命。《管子·小匡》：“平原广牧，车不结辙，士不旋踵，鼓之而三军之士视死如归，臣不如王子城父。”
首当其冲		【首当其冲】shǒu dāng qí chōng 冲：要冲，交通要道。比喻最先受到对方的冲击、压力、攻击，或首先遭受灾难。《汉书·五行志下之上》：“郑当其冲，不能修德。”
势如破竹		【势如破竹】shì rú pò zhú 形势像破竹子一样，劈开几节之后，下面的就顺着刀子分开来了。形容作战或工作节节胜利，毫无阻碍。也形容不可阻挡的气势。语本《晋书·杜预传》“兵威已振，譬如破竹，数节之后，迎刃而解”。

独霸一方		【独霸一方】dú bà yī fāng 独自霸占一个地方（一般指坏人）。
动辄得咎		【动辄得咎】dòng zhé dé jiù 动辄：每每，往往；咎：罪过。做事往往犯错误或受到谴责。唐·韩愈《昌黎先生集·进学解》："跋前踬后，动辄得咎。"
低首下心		【低首下心】dī shǒu xià xīn 形容屈服顺从的样子。唐·韩愈《昌黎先生集·祭鳄鱼文》："刺史虽驽弱，亦安肯为鳄鱼低首下心，伈伈伣伣，为民吏羞，以偷活于此邪？"
斗方名士		【斗方名士】dǒu fāng míng shì 斗方：一尺见方的册页。旧时指能在斗方上写点诗的小名士。含讥笑意。

水涨船高		【水涨（长）船高】shuǐ zhǎng chuán gāo 水位增高，船的位置也就跟着提高。比喻事情随着所凭借的基础的增长而增长、提高。宋·释道原《景德传灯录》："水长船高，泥多佛大。"
树欲静而风不止		【树欲静而风不止】shù yù jìng ér fēng bù zhǐ 树要静止而风却不住地刮着，因此树就不得不动起来。比喻不能如人的心愿。语见《韩诗外传九》。
水泄不通		【水泄不通】shuǐ xiè bù tōng 泄：排泄。水都流不出去。形容十分拥挤或包围得严密。清·翟灏《通俗编·地理》引宋·释道原《景德传灯录》："德山门下，水泄不通。"
水至清则无鱼		【水至清则无鱼】shuǐ zhì qīng zé wú yú 水太清澈了，鱼就存身不住。旧时比喻人太精明了就没有伙伴。《大戴礼记·子张问入官》："故水至清则无鱼，人至察则无徒。"（徒，同类，同伙。）现在有时用以说明事物不可能绝对地纯。也作"水清无鱼"。

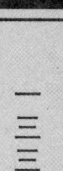

海外奇谈		【海外奇谈】hǎi wài qí tán 海外：远洋以外；奇谈：奇怪的说法。指毫无根据的荒唐的说法。
骇人听闻		【骇人听闻】hài rén tīng wén 骇：惊吓。使人听了震惊。
供不应求		【供不应求】gōng bù yìng qiú 供应不能满足需要。
方兴未艾		【方兴未艾】fāng xīng wèi ài 方：正在；兴：起始，兴起；艾：停止。事物正在发展，还没有停止。

始终如一		【始终如一】shǐ zhōng rú yī 从开始到结束都一样。指能坚持，不间断。《荀子·议兵》："虑必先事而申之以敬，慎终如始，终始如一，夫是之谓大吉。"
手到病除		【手到病除】shǒu dào bìng chú 手一到病就除去了。形容医术高明。也比喻工作做得好，解决问题迅速。
四海为家		【四海为家】sì hǎi wéi jiā 四海：古人认为中国四面都有海环绕，所以用"四海"指全国各处。《汉书·高帝纪》："天子以四海为家。"原意是占有四海、统治全国的意思，后来泛用以表示到处都可以当作自己的家。
四通八达		【四通八达】sì tōng bā dá 四面八方都有路可通。形容交通极其便利。《子华子·晏子问党》："且齐之为国也，表海而负嵎，轮广隩陕，其途之所出，四通而八达，游士之所凑也。"

瓜熟蒂落		【瓜熟蒂落】guā shú dì luò 蒂：花或瓜果跟枝茎相连的部分。瓜熟了，瓜蒂自然就脱落。比喻条件或时机成熟，就能顺利成功。清·翟灏《通俗编·草木》引《云笈七签》："瓜熟蒂落，啐啄同时。"
固执己见		【固执己见】gù zhí jǐ jiàn 顽固地坚持自己的偏见。《宋史·陈宓传》："固执己见，动失人心。"
冠冕堂皇		【冠冕堂皇】guān miǎn táng huáng 冠冕：古代帝王、官吏的礼帽，引申为体面；堂皇：气派很大的样子。比喻外表很体面（实际并不如此）。
故步自封		【故步自封】gù bù zì fēng 故步：原来的步伐，引申为旧法；封：限制住。自己停留在原地。比喻安于现状，不求上进。

审时度势		【审时度势】shěn shí duó shì 审：详查，细究；度：揣度，估计。全面地观察、研究现状，正确地估计形势。
赏心悦目		【赏心悦目】shǎng xīn yuè mù 赏心：心情欢畅；悦目：看了舒服。指看到美好的景色而心情愉快。
十恶不赦		【十恶不赦】shí è bù shè 十恶：中国封建王朝为维护其专制统治所规定的不可赦免的十种重大罪名，即：谋反、谋大逆、谋叛、谋恶逆、不道、大不敬、不孝、不睦、不义、内乱等，至隋代正式以“十恶”罪名规定于法典，沿用到清代；赦：赦免，饶恕。形容罪大恶极，不能赦免。
始终不懈		【始终不懈】shǐ zhōng bù xiè 懈：懈怠，松弛。从始至终毫不松懈。

顾此失彼		【顾此失彼】gù cǐ shī bǐ 顾了这个，丢了那个。形容无法全面照顾。
呼之欲出		【呼之欲出】hū zhī yù chū 一召唤他就要出来。形容画像非常逼真。也形容用文字表现了某一人的特点。宋·苏轼《郭忠恕画赞序》："恕先在焉，呼之或出。"
豪言壮语		【豪言壮语】háo yán zhuàng yǔ 充满英雄气概的语言。
光阴似箭		【光阴似箭】guāng yīn sì jiàn 比喻时间消逝得极快。唐·韦庄《浣花集·关河道中》诗："但见时光流似箭，岂知天道曲如弓。"

泰山压顶		【泰山压顶】tài shān yā dǐng 泰山压在头顶上。比喻压力极大。
舍生忘死		【舍生忘死】shě shēng wàng sǐ 不把个人的生死放在心上。
史无前例		【史无前例】shǐ wú qián lì 历史上从来没有过这种事。
生气勃勃		【生气勃勃】shēng qì bó bó 勃勃：旺盛的样子。形容富有朝气，充满活力。

红装素裹		【红装素裹】hóng zhuāng sù guǒ 装、裹：装饰，装束。形容雪后天晴，红日和白雪互相映照的美丽景色。
固若金汤		【固若金汤】gù ruò jīn tāng 金：指金城，金属造的城墙；汤：指汤池，滚烫的护城河。形容所守的城池或阵地非常坚固。
呼风唤雨		【呼风唤雨】hū fēng huàn yǔ 使刮风下雨，原指神仙道士的法力，现在比喻能够支配自然或左右某种局面。有时也比喻进行煽动性的活动。
故弄玄虚		【故弄玄虚】gù nòng xuán xū 玄虚：指让人不可捉摸的东西。故意玩弄叫人搞不清的那一套。

如愿以偿		【如愿以偿】rú yuàn yǐ cháng 偿：满足。按照自己的愿望实现了。
如梦初醒		【如梦初醒】rú mèng chū xǐng 好像做梦刚醒。比喻从糊涂、错误的认识中刚刚醒悟过来。
如临大敌		【如临大敌】rú lín dà dí 临：面对，碰到。好像碰到强大的敌人一般。形容戒备森严。
乳臭未干		【乳臭未干】rǔ xiù wèi gān 乳臭：奶腥气。嘴里还带有奶腥气。讥刺人年幼无知。

粉身碎骨		【粉身碎骨】fěn shēn suì gǔ 身体粉碎。多指为了某种目的牺牲生命。《敦煌变文集·太子成道变文》："将思薄福，广造恶因。碎骨分（粉）身，不将为是。如斯苦切，实是难陈。"
隔岸观火		【隔岸观火】gé àn guān huǒ 对岸失火，隔河观望。比喻对别人的危难不加援救，而在一旁看热闹。
多谋善断		【多谋善断】duō móu shàn duàn 很有智谋，又善于判断，也作"好谋善断"。《文选·陆机〈辨亡论〉上》："畴咨俊茂，好谋善断。"
发短心长		【发短心长】fà duǎn xīn cháng 头发稀少，心计深长。形容年老智深。《左传·昭公三年》："齐侯田于莒，卢蒲嫳见，泣且请曰：'余发如此种种，余奚能为？'公曰：'诺，吾生二子。'归而告之。子尾欲复之，子雅不可，曰：'彼其发短，而心甚长，其或寝处我矣。'"

杀人不眨眼		【杀人不眨眼】shā rén bù zhǎ yǎn 形容坏人杀人成性，极其凶狠残忍。宋·释普济《五灯会元》："曹翰征胡则，渡江入庐山寺，缘德淡坐如常。翰曰：'汝不闻杀人不眨眼将军乎？'"
沙里淘金		【沙里淘金】shā lǐ táo jīn 比喻从大量的材料中选择精华，也比喻用力大而收效小。
神机妙算		【神机妙算】shén jī miào suàn 神机：灵巧的心思，达到神奇程度；算：计划，筹谋。形容计谋高明。《三国演义》第四十六回："瑜（周瑜）大惊，慨然叹曰：'孔明神机妙算，吾不如也。'"
三心二意		【三心二意】sān xīn èr yì 形容主张不一致或意志不坚定。《元曲选·关汉卿〈救风尘〉一》："争奈是匪妓，都三心二意。"

斗志昂扬		【斗志昂扬】dòu zhì áng yáng 昂扬：形容情绪高涨。斗争意志很高。
独占鳌头		【独占鳌头】dú zhàn áo tóu 鳌头：官殿门前玉石台阶上的鳌鱼浮雕。封建时代科举进士发榜时，规定状元站在这里迎榜，因此叫中状元为“独占鳌头”。后来比喻居于首位。《元曲选·无名氏〈陈州粜米·楔子〉》：“独占鳌头第一名。”
裹足不前		【裹足不前】guǒ zú bù qián 裹足：把脚包缠住。形容停止不前。秦·李斯《谏逐客书》：“使天下之士，退而不敢西向，裹足不入秦。”
化为乌有		【化为乌有】huà wéi wū yǒu 乌有：何有，哪有，义同“无有”。变得什么都没有。汉·司马相如作《子虚赋》，虚构对话者三人，其中的一个叫“乌有先生”，意思是哪有此人，哪有此事。

声东击西		【声东击西】shēng dōng jī xī 声：声张，宣布出来。军事上出奇制胜使对方产生错觉的一种战术，即表面上或口头嚷着攻打这边，实际上却攻打那边。《淮南子·兵略训》：“故用兵之道，示之以柔而迎之以刚，示之以弱而乘之以强，为之以歙而应之以张，将欲西而示之以东……”
深入人心		【深入人心】shēn rù rén xīn 形容思想、理论、学说等为人们深切了解和信服。
深情厚谊		【深情厚谊】shēn qíng hòu yì 谊：交情。深厚的感情与友谊。
如鱼得水		【如鱼得水】rú yú dé shuǐ 像鱼得水一样。比喻有所凭借。也比喻得到跟自己最相投合的人或适合的环境。语本《三国志·蜀志·诸葛亮传》“孤（刘备自称）之有孔明，犹鱼之有水也。”

孤注一掷		【孤注一掷】gū zhù yī zhì 注：赌博所下的钱；孤注：赌钱的人在钱快输完时把所有的钱并作一注；掷：指赌钱时掷骰子。赌徒在输急了的时候把所有的钱并作一注押上去。《元史·伯颜传》：“今日我宋天下，犹赌博孤注，输赢在此一掷耳。”比喻在危急时用尽所有力量作最后的一次冒险。多含贬义。
管中窥豹		【管中窥豹】guǎn zhōng kuī bào 从管子里看豹。比喻看到的不是全部或整体。有时同“可见一斑”连用，比喻从观察到的一部分，可以推测全貌。《晋书·王献之传》：“此郎亦管中窥豹，时见一斑。”
一览无余		【一览无余】yì lǎn wú yú 览：看；余：剩余。形容事物很简单，一下子就看得清清楚楚。也指建筑物、园林布局单调或诗文的内容平淡，不能使人回味。南朝·宋·刘义庆《世说新语·言语》：“江左地促，不如中国，若使阡陌条畅，则一览而尽，故纤余委曲，若不可测。”
寡不敌众		【寡不敌众】guǎ bù dí zhòng 寡：少；敌：抵挡。人少的抵挡不住人多的。《逸周书·芮良夫》：“民至亿兆，后一而已，寡不敌众，后其危哉！”

仰屋著书		【仰屋著书】yǎng wū zhù shū《梁书·南平元襄王伟传》："下官历观世人，多有不好欢乐，乃仰眠床上，看屋梁而著书，千秋万岁，谁传此者？"后用来形容著述的勤苦。
先斩后奏		【先斩后奏】xiān zhǎn hòu zòu 斩：砍头；奏：封建时代臣子对皇帝报告。先把人杀了，再向上报告。《汉书·申屠嘉传》："吾悔不先斩错乃请之。"颜师古注："言先斩而后奏。"现在比喻先把事情处理了，造成既成事实，再向上级报告。
夜郎自大		【夜郎自大】yè láng zì dà 夜郎：我国汉代西南方的一个政权。《汉书·西南夷传》记载，汉朝的使者到了夜郎，夜郎侯问，汉同夜郎比起来谁大。这个一州之王，却不知道汉朝国土的广大。后来就用"夜郎自大"比喻妄自尊大。
阳奉阴违		【阳奉阴违】yáng fèng yīn wéi 阳：指表面上；阴：指暗地里。表面遵从，暗地违背。

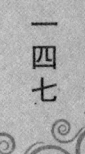

青云直上		【青云直上】qīng yún zhí shàng 青云：指青天。冲着青天一直上升。比喻人的地位直线上升。《史记·范雎蔡泽列传》："贾（须贾）不意君能自致青云之上。"
倾家荡产		【倾家荡产】qīng jiā dàng chǎn 倾：倒出；荡：弄光。把全部家产弄光。也作"倾家竭产"。《三国志·蜀志·董和传》："货殖之家，侯服玉食，婚姻葬送，倾家竭产。"
去伪存真		【去伪存真】qù wěi cún zhēn 除掉虚假的，留下真实的。
青黄不接		【青黄不接】qīng huáng bù jiē 青：指田里的青苗；黄：指黄熟的谷物。旧粮已经吃完，新粮还未接上。有时比喻后继的人力、财力的暂断现象。《元典章·户部·仓库》："即日正是青黄不接之际，各处物斛涌贵。"

同床异梦		【同床异梦】tóng chuáng yì mèng 异：不同。同睡在一张床上，做着不同的梦。比喻同做一桩事，各有各的打算。宋·陈亮《与朱元晦秘书书》：“同床各做梦，周公且不能学得，何必一一论到孔明哉？”
土豪劣绅		【土豪劣绅】tǔ háo liè shēn 土豪：独霸一方的恶霸；劣绅：罪恶昭彰的有势力的地主或退职的官僚。旧社会有钱有势、横行乡里的人。
偷天换日		【偷天换日】tōu tiān huàn rì 比喻暗中改变重大事物的真相来欺骗、蒙混别人。
铤而走险		【铤而走险】tǐng ér zǒu xiǎn 铤：快跑的样子；走险：奔赴险处。形容无路可走而采取冒险行动。《左传·文公十七年》：“铤而走险，急何能择？”

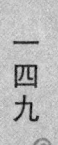

飞檐走壁		【飞檐走壁】fēi yán zǒu bì 旧小说中形容练武的人身体轻便，能飞越屋檐，走登墙壁。
顶礼膜拜		【顶礼膜拜】dǐng lǐ mó bài 顶礼：印度古代的最敬礼，也是佛教徒拜佛时的最敬礼，行礼时以自己的头叩拜在佛的脚下；膜拜：也是礼拜神佛时的一种敬礼，行礼时两手放在额上，跪下叩头。现多用“顶礼膜拜”形容对人崇拜得五体投地。
单刀直入		【单刀直入】dān dāo zhí rù 宋·释道原《景德传灯录·卷十二·庐州澄心院旻德和尚》：“若是作家战将，便请单刀直入，更莫如何若何。”原来比喻认定目标，勇猛精进。后来比喻直截了当，不绕弯子。
点金成铁		【点金成铁】diǎn jīn chéng tiě 原来是说使黄金变成铁，后来比喻把别人的好文章改坏了。宋·释道原《景德传灯录·卷十八·杭州龙华寺真觉大师》：“问：‘还丹一粒，点铁成金，至理一言，点凡成圣。请师一点！’师曰：‘还知齐云点金成铁否？’曰：‘点金成铁，未之前闻。至理一言，敢希垂示！’”

依然故我		【依然故我】yī rán gù wǒ 故我：旧日的我。仍旧是我从前的老样子。形容自己的情况没有变化。
所向无敌		【所向无敌】suǒ xiàng wú dí 所向：指力量达到的地方，形容力量强大，无往不胜。
依然如故		【依然如故】yī rán rú gù 仍旧像从前一样。
形势逼人		【形势逼人】xíng shì bī rén 指形势发展很快，逼使人们不得不更加努力。

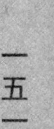

弃旧图新		【弃旧图新】qì jiù tú xīn 抛弃旧的东西，做新的努力。多指由坏的转向好的，离开错误道路，走向正确道路。
欺人太甚		【欺人太甚】qī rén tài shèn 甚：过分。把人欺负得太厉害了，令人不能容忍。明·李贽《初潭集卷三·夫妇三·贤夫》：“豫章欺人太甚。”
破绽百出		【破绽百出】pò zhàn bǎ chū 绽：裂开；破绽：指衣服上的裂缝。形容漏洞非常多。
扑朔迷离		【扑朔迷离】pū shuò mí lí 扑朔：指兔脚乱动；迷离：指眼睛半闭。古乐府《木兰诗》：“雄兔脚扑朔，雌兔眼迷离，两兔傍地走，安能辨我是雄雌！”原指模糊不清，很难辨别是雄是雌。后来形容事情错综复杂，不易看清底细。

一言难尽		【一言难尽】yī yán nán jìn 一句话不能把情况都说完。《元曲选·李直夫〈虎头牌〉一》：“我一言难尽，来探望你这歹孩儿索是远路风尘。”
庸人自扰		【庸人自扰】yōng rén zì rǎo 庸人：平凡的人；自扰：自己搅乱自己。指本来无事而去自找麻烦。《新唐书·陆象先传》：“天下本无事，庸人扰之为烦耳。”
一言以蔽之		【一言以蔽之】yī yán yǐ bì zhī 蔽：概括。用一句话来概括它。语出《论语·为政》。
银样镴枪头		【银样镴枪头】yín yàng là qiāng tóu 镴：锡铅合金，即焊锡。表面像银质其实是焊锡做的枪头。比喻中看不中用。

七擒七纵		【七擒七纵】qī qín qī zòng 擒：捉拿；纵：放。比喻有收有放地控制对方。传说三国时诸葛亮南征孟获，七次捉住了他都把他放掉，最后使孟获真正心服，不再背叛。事见《三国志·蜀志·诸葛亮传》裴松之注引《汉晋春秋》。
片甲不存		【片甲不存】piàn jiǎ bù cún 甲：古时打仗穿的护身衣。形容把敌人全部消灭。
旁门左道		【旁门左道】páng mén zuǒ dào 旁门：不正经的门路；左道：邪魔外道。指不是正经的东西。《礼记·王制》："执左道以乱政，杀。"郑玄注："左道，若巫蛊及俗禁。"
气势汹汹		【气势汹汹】qì shì xiōng xiōng 比喻样子和势头凶猛。

悠然自得		【悠然自得】yōu rán zì dé 悠然：闲暇舒适的样子；自得：内心得意而舒适。形容态度从容，心情舒适。
一针见血		【一针见血】yī zhēn jiàn xiě 比喻论断简明扼要而切中要害。
优柔寡断		【优柔寡断】yōu róu guǎ duàn 优柔：迟疑不决；寡：少。形容作事犹豫不决，不果断。《韩非子·亡征》："缓心而无成，柔茹而寡断，好恶无决，而无所定立者，可亡也。"
有朝一日		【有朝一日】yǒu zhāo yī rì 朝：日，天。指将来有一天。

气急败坏		【气急败坏】qì jí bài huài 上气不接下气，狼狈不堪的样子。形容非常慌张或羞恼。
怒火中烧		【怒火中烧】nù huǒ zhōng shāo 中：心中。忿怒的火焰在心中燃烧。形容心中怀着极大的忿怒。
七窍生烟		【七窍生烟】qī qiào shēng yān 七窍：指两眼、两耳、两鼻孔和口。形容气愤已极，好像耳目口鼻都要冒出火来。
奇装异服		【奇装异服】qí zhuāng yì fú 指式样奇特古怪的服装。

火烧眉毛		【火烧眉毛】huǒ shāo méi máo 比喻情势急迫。宋·释普济《五灯会元·卷十六·蒋山法泉禅师》："问：'如何是急切一句？'师曰：'火烧眉毛。'"
防不胜防		【防不胜防】fáng bù shèng fáng 防：防备；不胜（旧读平声）：禁不起。形容防备不过来。
举世瞩目		【举世瞩目】jǔ shì zhǔ mù 瞩目：注视。全世界的人都注意着。
扣人心弦		【扣人心弦】kòu rén xīn xián 形容使人十分激动。

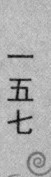

箪食瓢饮		【箪食瓢饮】dān sì piáo yǐn 一箪的食物，一瓢的饮料。古代指贫苦的生活。语本《论语·雍也》“一箪食，一瓢饮”。
动人心弦		【动人心弦】dòng rén xīn xián 形容使人十分激动。
脆而不坚		【脆而不坚】cuì ér bù jiān 形容虚有其表，本质脆弱。
大失所望		【大失所望】dà shī suǒ wàng 表示原来的希望完全落空。

融会贯通		【融会贯通】róng huì guàn tōng 融会：融合各种说法，领会其实质；贯通：贯穿前后，全面地理解。把各方面的知识或道理融合贯穿起来，从而得到全面透彻的理解。宋·朱熹《朱子全书·学三》："举一而三反，闻一而知十，乃学者用功之深，穷理之熟，然后能融会贯通，以至于此。"
散兵游勇		【散兵游勇】sǎn bīng yóu yǒng 勇：清代指地方临时招募的兵卒。指没有统率的逃散的士兵。后来也指没有组织到集体队伍里而独自行动的人。
若无其事		【若无其事】ruò wú qí shì 像没有那回事儿一样。形容态度镇静，或不把事情放在心上。
善始善终		【善始善终】shàn shǐ shàn zhōng 从开头到结局都很好。《庄子·大宗师》："善妖善老，善始善终。"

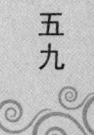

风尘仆仆		【风尘仆仆】fēng chén pú pú 风尘：指在旅途中；仆仆：疲累的样子。形容旅途劳累的样子。也作“仆仆风尘”。
海市蜃楼		【海市蜃楼】hǎi shì shèn lóu 蜃：蛤蜊。指光线经不同密度的空气层发生显著反射或折射时，把远处景物显示在空中或地面的那种奇异幻景。这种幻景常发生在海边和沙漠地区，古人误认为蜃吐气而成。《史记·天官书》：“海旁蜃气象楼台。”《本草纲目·鳞部一》：“（蜃）能呼气成楼台城郭之状，将雨即见，名蜃楼，亦曰海市。”比喻人世繁华的虚幻。现在比喻虚无缥缈、实际不存在的事物。
翻然悔悟		【翻然悔悟】fān rán huǐ wù 翻（幡）然：大转变的样子。形容很快悔改醒悟。
耳闻目睹		【耳闻目睹】ěr wén mù dǔ 亲耳听说，亲眼看见。

节哀顺变		【节哀顺变】jié āi shùn biàn 节：节制；变：变故，旧指父母去世。抑制悲哀，顺应变故。《礼记·檀弓下》：“丧礼，哀戚之至也；节哀，顺变也，君子念始之者也。”后来就用“节哀顺变”作吊唁之辞。
金马碧鸡		【金马碧鸡】jīn mǎ bì jī 传说中神名。《汉书·郊祀志下》：“或言益州有金马、碧鸡之神，可醮祭而致。”今云南昆明市东有金马山，西有碧鸡山，两山相对，山上都有神祠。相传即汉时祭金马、碧鸡神处。
见怪不怪		【见怪不怪】jiàn guài bù guài 看到怪异的事物或现象，镇静对待，不大惊小怪。宋·洪迈《夷坚三夫志己·卷二·姜七家猪》：“见怪不怪，其怪自坏！”
蛟龙得水		【蛟龙得水】jiāo lóng dé shuǐ 蛟：古代传说中的无角龙。传说蛟龙得到水，能兴云作雨，飞腾上天。比喻英雄人物得到施展才能的机会。《北史·杨大眼传》：“大眼顾谓同寮曰：‘吾之今日，所谓蛟龙得水之秋，自此一举，不复与诸君齐列矣。’”

涤瑕荡秽		【涤瑕荡秽（垢）】dí xiá dàng huì (gòu) 涤、荡：洗荡，引申为清除，廓清；瑕：玉上的红斑，比喻事物的缺点、毛病和人的过失；秽：污浊，肮脏。比喻清除旧的恶习。《文选·班固〈东都赋〉》：“于是百姓涤瑕荡秽，而镜至清。”
掉以轻心		【掉以轻心】diào yǐ qīng xīn 掉：动摇。形容不经意，轻忽。唐·柳宗元《河东先生集·答韦中立论师道书》：“故吾每为文章，未尝敢以轻心掉之。”现一般用来指对事情采取轻率的漫不经心的态度。
挥金如土		【挥金如土】huī jīn rú tǔ 挥：散。花钱像撒泥土一样。形容极端挥霍浪费。
吠形吠声		【吠形（影）吠声】fèi xíng (yǐng) fèi shēng 吠：狗叫。一只狗看见人就叫，许多狗听到声音也跟着叫。比喻不察真伪，随声附和。汉·王符《潜夫论·贤难》：“谚云：‘一犬吠形，百犬吠声。’”

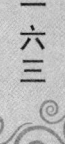

损兵折将		【损兵折将】sǔn bīng zhé jiàng 折：损失。兵和将都有大量伤亡。形容作战的惨败。
随心所欲		【随心所欲】suí xīn suǒ yù 随：听任；欲：想要，希望。心里想要怎么做就怎么做。
泰山压卵		【泰山压卵】tài shān yā luǎn 泰山压在蛋上。比喻力量悬殊，强大的一方必然摧毁弱小的一方。《晋书·孙惠传》："况履顺讨逆，执正伐邪，是……猛兽吞狐，泰山压卵，因风燎原，未足方也。"
天下第一		【天下第一】tiān xià dì yī 形容没有谁能比得上。《后汉书·胡广传》："遂察孝廉，既到京师，试以章奏，安帝以广为天下第一。"

独一无二		【独一无二】dú yī wú èr 形容唯一的，没有相同或可以相比的。
调虎离山		【调虎离山】diào hǔ lí shān 设法使老虎离开山头。比喻用计使对方离开原来的有利地势，或使对方离开原来防守的地方，以便袭击。
洞烛其奸		【洞烛其奸】dòng zhú qí jiān 洞：透彻，深入；烛：照亮。形容看透对方的阴谋诡计。
分门别类		【分门别类】fēn mén bié lèi 门、类：一般事物的分类。按照所属的门类对事物进行整理或处理。

螳臂当车		【螳臂当车】táng bì dāng chē 螳臂：螳螂的前腿。《庄子·人间世》："汝不知夫螳螂乎，怒其臂以当车辙，不知其不胜任也。"意思是螳螂举起臂膀抵挡车子，就不知道它力不胜任啊。后来就用"螳臂当车"比喻不自量力。
谈何容易		【谈何容易】tán hé róng yì 表示事情做起来并不像嘴上说的那么简单。汉·焦延寿《易林》："朽舆瘦驷，不任御辔，君子服之，谈何容易？"
天南地北		【天南地北】tiān nán dì běi 一在天南，一在地北。形容相去很远。元·杨朝英编选《阳春白雪·前集·关汉卿〈沉醉东风〉》："咫尺的天南地北，霎时间月缺花飞。"
贪小失大		【贪小失大】tān xiǎo shī dà 因贪图小利而造成重大损失。《吕氏春秋·权勋》里说，齐国的达子带兵同燕国作战，他请求齐王犒军，齐王不答应。交战以后，齐国大败，达子战死，齐王也逃到外地。燕国军队进入齐国的都城后，争着抢取齐王的财物。人们认为齐王是"贪小利以失大者也"。

丁一卯二		【丁一卯二】dīng yī mǎo èr 丁：钉；卯：接榫的凹入部分。形容确实，牢靠。《元曲选〈金水桥陈琳抱合〉三》："要说个丁一卯二，不许你差三错四。"
洞若观火		【洞若观火】dòng ruò guān huǒ 看事物十分明白清楚，好像看火一样。比喻观察事物明白透彻。《尚书·盘庚上》："予若观火。"伪孔传："我视汝情如视火。"
睹物思人		【睹物思人】dǔ wù sī rén 看到死人的遗物或别人留下的东西，就想起这个人。
电光石火		【电光石火】diàn guāng shí huǒ 闪电和燧石的火光。比喻很快消失的事物。

水深火热		【水深火热】shuǐ shēn huǒ rè 比喻人民生活极端痛苦。语本《孟子·梁惠王下》"如水益深，如火益热"。
水到渠成		【水到渠成】shuǐ dào qú chéng 水一流到就会成渠。比喻条件成熟，事情就会顺利完成。宋·释道原《景德传灯录·卷十二·仰山南塔光涌禅师》："叉手问：'如何是妙用一句？'师曰：'水到渠成。'"
司空见惯		【司空见惯】sī kōng jiàn guàn 司空：古代官名。唐·孟蕲(棨 q'ㄧ)《本事诗·情感》记载，曾经做过司空的李绅请刚从和州回来的刘禹锡喝酒，刘在席上作了一首七绝，其中有一句是"司空见惯浑闲事"，后来就用"司空见惯"形容经常看到、不足为奇的事物。
速战速决		【速战速决】sù zhàn sù jué 快速地发动战斗，快速地解决战斗，取得胜利。

斗筲之器		【斗筲之器】dǒu shāo zhī qì 筲：饭箩，容五升。像斗和筲一般大小的器具。比喻气量狭窄，见识短浅。语本《论语·子路》。
独具只眼		【独具只眼】dú jù zhī yǎn 形容具有独到的见解，或独特的眼光。
斗转参横		【斗转参横】dǒu zhuǎn shēn héng 斗转：北斗星的杓转了方向；参：星名，二十八宿之一，白虎七宿的末一宿；参横：参宿横在一边。指天快要亮的时候。《宋史·乐志》："斗转参横将旦。"
滴水成冰		【滴水成冰】dī shuǐ chéng bīng 水滴下去就结成冰。形容天气十分寒冷。

苦大仇深		【苦大仇深】kǔ dà chóu shēn 遭受剥削、压迫的苦情极大，对剥削阶级的仇恨极深。
脚踏两只船		【脚踏两只船】jiǎo tà liǎng zhī chuán 比喻摇摆不定，干这样，又想干那样；又形容两下里都占着，投机取巧。
祸福无门		【祸福无门】huò fú wú mén 祸与福的来临没有一定的规律。《左传·襄公二十三年》："祸福无门，唯人所召。"
口角春风		【口角春风】kǒu jiǎo chūn fēng 口角：嘴边；春风：古人认为它能使万物生长。比喻替别人说好话。也用于称赞替别人说好话的人。

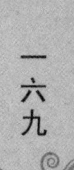

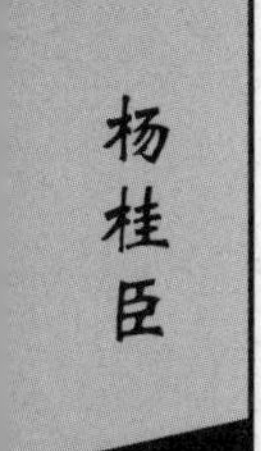

斗粟尺布		【斗粟尺布】dǒu sù chǐ bù 粟：小米，泛指粮食。《史记·淮南衡山列传》记载，汉文帝的弟弟淮南王刘长谋反失败，解往蜀郡严道，在途中不食而死。民间歌曰：“一尺布，尚可缝；一斗粟，尚可舂。兄弟二人不相容。”后来就用“斗粟尺布”比喻兄弟不和。
灰心丧气		【灰心丧气】huī xīn sàng qì 灰心：心志冷得像死灰；丧：失去。形容因失败或不顺利而丧失信心，意志消沉，不能振作。
东鳞西爪		【东鳞西爪】dōng lín xī zhǎo 原指画龙时龙体被云遮住，只是东边画一片龙鳞，西边画一只龙爪，看不到龙的全身。比喻事物零碎，不全面。
故伎重演		【故伎重演】gù jì chóng yǎn 伎：伎俩，花招。老花招再耍一次。

等量齐观		【等量齐观】děng liàng qí guān 等：同等；齐：一样地。指对有差别的事物同等看待。
浑浑噩噩		【浑浑噩噩】hún hún è è 浑浑：深大的样子；噩噩：严肃的样子。汉·扬雄《法言·问神》："虞夏之书浑浑尔，商书灏灏尔，周书噩噩尔。"后来用以形容质朴天真。现在多用以形容糊里糊涂，愚昧无知。
虎视眈眈		【虎视眈眈】hǔ shì dān dān 眈眈：注视的样子。像虎一样注视着。形容恶狠狠地盯着，将要动手攫取什么。《周易·颐》："虎视眈眈，其欲逐逐。"
老气横秋		【老气横秋】lǎo qì héng qiū 宋·黄庭坚《山谷集·次韵德孺五丈惠贶秋字之句》诗："老来忠义气横秋。"后来就用"老气横秋"形容老练而自负的神态，现在形容人没有朝气（多指年青人）或摆老资格（多指老年人）。

你死我活		【你死我活】nǐ sǐ wǒ huó 不是你死，就是我活。《元曲选·无名氏《度柳翠》一》：“世俗人没来由，争长竞短，你死我活。”形容斗争的性质极其严重。
怒形于色		【怒形于色】nù xíng yú sè 形：显露；色：脸色。内心的愤怒在脸上显露出来。
目不转睛		【目不转睛】mù bù zhuǎn jīng 睛：眼球，眼珠。看时眼珠不转动。形容注意力很集中，看得出神。
其味无穷		【其味无穷】qí wèi wú qióng 形容含意深刻，使人回味不尽。

急流勇退		【急流勇退】jí liú yǒng tuì 在急流中果断地立即退却。旧时比喻做官的人在顺利或得意时及早抽身退出官场。《五朝名臣言行录》卷二："僧熟视若水久之，不语，以火箸画灰作'做不得'三字，徐曰：'急流中勇退人也。'"
金玉良言		【金玉良言】jīn yù liáng yán 金玉：黄金和美玉。比喻非常宝贵的劝告。
家破人亡		【家破人亡】jiā pò rén wáng 指旧社会劳动人民在反动统治阶级的沉重压迫下，家遭毁灭，人被逼死。宋·释道原《景德传灯录·卷十六·澧州乐普少山元安禅师》："问：'学人未拟归乡时如何？'师曰：'家破人亡，子归何处？'"
井水不犯河水		【井水不犯河水】jǐng shuǐ bù fàn hé shuǐ 比喻互不干扰，彼此间没有矛盾、冲突。

量力而行		【量力而行】liàng lì ér xíng 量：估计，按照。按照自己力量的大小去做。《左传·隐公十一年》："量力而行之。《左传·昭公十年》："力能则进，否则退，量力而行。"
老奸巨猾		【老奸巨猾】lǎo jiān jù huá 猾：狡诈。指阅历深而手段极其奸诈狡猾的人。《资治通鉴·唐纪二十六·玄宗开元二十五年》："（李林甫）好以甘言啖人而阴中伤之，不露辞色。凡为上所厚者，始则亲结之，及位势稍逼，辄以计去之。虽老奸巨猾，无能逃于其术者。"
离乡背井		【离乡背井】lí xiāng bèi jǐng 背：离开；井：指家乡。离开家乡，到外地去。《元曲选·马致远〈汉宫秋〉三》："背井离乡，卧雪眠霜。"
理所当然		【理所当然】lǐ suǒ dāng rán 当然：应当这样。从道理上讲应当这样。《文中子·魏相篇》："非辩也，理当然耳。"

推本溯源		【推本溯源】tuī běn sù yuán 溯：逆着水流走，引申为追寻。推求根本，追溯来源。
推波助澜		【推波助澜】tuī bō zhù lán 澜：大浪。比喻推动事物发展，并帮助它制造声势。隋·王通《文中子·问易》："真君、建德（后魏太武帝、后周武帝年号）之事，适足推波助澜，纵风止燎尔。"
兔死狐悲		【兔死狐悲】tù sǐ hú bēi 兔子死了，狐狸感到悲伤。比喻因同类的死亡或失败而感到悲伤。《元曲选·无名氏〈赚蒯通〉四》："今日油烹蒯彻，正所谓兔死狐悲。"
头破血流		【头破血流】tóu pò xuè liú 头破了，血流满面。形容受到严重打击或遭到惨败的狼狈相。

大处落墨		【大处落墨】dà chù luò mò 指绘画或写文章要从主要的地方着笔。比喻做事要从大处着眼，首先解决关键问题。
独具匠心		【独具匠心】dú jù jiàng xīn 匠心：灵巧的心思。具有独到的灵巧心思。也指在技术或艺术方面有创造性。
大张旗鼓		【大张旗鼓】dà zhāng qí gǔ 张：陈设，布置。大规模地摆开旗鼓。比喻声势和规模很大。
独木不成林		【独木不成林】dú mù bù chéng lín 一棵树成不了森林。比喻单个力量是薄弱的，办不成大事。古乐府《紫骝马》解题引《古今乐录》："梁曲曰：'独柯不成树，独树不成林。'"

非驴非马		【非驴非马】fēi lǘ fēi mǎ 不是驴也不是马。形容不伦不类什么也不像的东西。语本《汉书·西域传》"驴非驴，马非马"。
箪食壶浆		【箪食壶浆】dān sì hú jiāng 箪：古时盛饭的圆形竹器；食：食物。古时候老百姓用箪盛了饭，用壶盛了汤来欢迎他们所拥护的军队。后来用以形容军队受欢迎的情况。语出《孟子·梁惠王下》。
黄袍加身		【黄袍加身】huáng páo jiā shēn 黄袍：古代帝王的袍服。后周时，赵匡胤为太尉，谋夺帝位，在陈桥驿发动兵变，诸将替他披上黄袍，拥立为天子，就是宋太祖。见《宋史·太祖本纪一》。后来就用"黄袍加身"比喻政变成功。
反躬自省		【反躬自省】fǎn gōng zì xǐng 省：检查。回过头来反省自己的过错。

黄花晚节		【黄花晚节】huáng huā wǎn jié 黄花：指菊花，因菊能傲霜耐寒，常用来比喻人有节操；晚节：晚年的节操。比喻人能保持晚节。宋·韩琦《安阳集·九日小阁》诗："莫嫌老圃秋容淡，且看黄花晚节香。"
虎头蛇尾		【虎头蛇尾】hǔ tóu shé wěi 比喻做事前紧后松，有始无终。《元曲选·康进之〈李逵负荆〉二》："这厮敢狗行狼心，虎头蛇尾。"
当头棒喝		【当头棒喝】dāng tóu bàng hè 佛教禅宗语。棒：指用棒子打；喝：大声喝斥。禅宗和尚接待初学的人，常不问情由，即给以一棒，或大喝一声，要对方不假思索地立即回答问题，以考验其对佛理领会的程度。后来泛指使人觉悟的猛烈手段，也比喻给人以严重警告或打击。也作"当头一棒"。
等闲视之		【等闲视之】děng xián shì zhī 等闲：寻常，一般。把它看成平常的事，不加重视。

苦口婆心		【苦口婆心】kǔ kǒu pó xīn 苦口：指不辞烦劳地恳切规劝；婆心：老婆婆的心肠，比喻仁慈的心肠。形容怀着好心再三诚恳地劝告。《宋史·赵普传》："卿社稷元臣，忠言苦口，三复来奏。"
旷日持久		【旷日持久】kuàng rì chí jiǔ 旷：荒废。荒废时间，拖延很久。《战国策·赵策四》："今得强赵之兵以杜燕将，旷日持久，数岁，令士大夫余子之力，尽于沟垒。"
借题发挥		【借题发挥】jiè tí fā huī 假借某一个事情作为题目来作文章，借以发表自己真正的意见。
结党营私		【结党营私】jié dǎng yíng sī 结成小集团为私利而干坏事。

倒海翻江		【倒海翻江】dǎo hǎi fān jiāng 宋·陆游《夜宿阳山矶……遂抵雁翅浦》诗："五更颠风吹急雨，倒海翻江洗残暑。"原来是说水势浩大。后来用以形容不怕任何困难或比喻成就了极难做到的事业。也形容力量、声势的巨大。也作"翻江倒海"。
多行不义必自毙		【多行不义必自毙】duō xíng bù yì bì zì bì 不义：违反正义的事情；毙：死。坏事干多了，一定是自取灭亡。《左传·隐公元年》："多行不义，必自毙，子姑待之。"
单鹄寡凫		【单鹄寡凫】dān hú guǎ fú 鹄：天鹅；寡：失去配偶的；凫：野鸭。孤单的天鹅，寡居的野鸭。原为古琴曲。《西京杂记》五："齐人刘道强善弹琴，能作《单鹄凫》之弄，听者皆悲，不能自摄。"后来多用以比喻失去配偶的人。也作"寡鹄单凫"。
大庭广众		【大庭广众】dà tíng guǎng zhòng 庭：旧时指官署的厅堂，后泛指院子。指人很多的公共场所。也作"广庭大众"。《孔丛子·公孙龙》："使此人于广庭大众之中，见侮而不敢斗，王将以为臣乎？"

借尸还魂		【借尸还魂】jiè shī huán hún 迷信传说，人死后有时可以将魂灵附着于他人的尸体而复活。《元曲选·岳伯川〈铁拐李〉四》："多亏了吕洞宾师父救了我，着我还魂，被你烧了我的尸骸，着我借东关里青眼老李屠的儿子小李屠的尸首，借尸还魂。"现比喻已经死亡的事物借着另一种形式出现。
快人快语		【快人快语】kuài rén kuài yǔ 直爽人说直爽话。
谨言慎行		【谨言慎行】jǐn yán shèn xíng 说话小心，行动谨慎。
金玉满堂		【金玉满堂】jīn yù mǎn táng 原来形容占有很多财富。《老子》九章："金玉满堂，莫之能守。"后来也比喻人很有才能，学识丰富。

胆大包天		【胆大包天】dǎn dà bāo tiān 形容胆量非常大。多用于贬义。
革面洗心		【革面洗心】gé miàn xǐ xīn 洗心：清洗内心的污浊；革面：改变旧面目。比喻彻底悔改。宋·辛弃疾《淳熙己亥论盗贼札子》："自今以始，洗心革面。"
顶天立地		【顶天立地】dǐng tiān lì dì 形容形象高大，气概豪迈。《元曲选·无名氏〈小尉迟〉一》："我道你是个顶天立地的男儿汉。"
大莫与京		【大莫与京】dà mò yǔ jīng 莫：没有谁；京：高，大。大得没有跟它相比的。形容大得很。语本《左传·庄公二十年》"莫之与京"。

丧心病狂		【丧心病狂】sàng xīn bìng kuáng 丧失理智，言行荒谬，好像发了疯一样。《宋史·范如圭传》：“公（指秦桧）不丧心病狂，奈何为此？”
杀气腾腾		【杀气腾腾】shā qì téng téng 杀气：凶恶的气势；腾腾：气势旺盛的样子。充满了要杀人的凶狠气势。
杀一儆百		【杀一儆（警）百】shā yī jǐng bǎi 儆：使人警觉，警告。杀一个人来警戒许多人。
日月合璧		【日月合璧】rì yuè hé bì 指日月同升，出现于阴历的朔日，在我国很少见。古人附会为国家的祥瑞。《汉书·律历志上》：“日月如合璧，五星如连珠。”

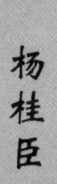

挂羊头，卖狗肉		【挂羊头，卖狗肉】guà yáng tóu, mài gǒu ròu 比喻用好的东西作幌子来推销劣等货色。语本《晏子春秋·内篇杂下》“君使服之于内，而禁之于外，犹县（悬）牛首于门而卖马脯于内（市）也。”
河东狮吼		【河东狮吼】hé dōng shī hǒu 河东：古代郡名，柳姓的郡望（魏晋至隋唐时每郡显贵的家族）。宋·洪迈《容斋三笔》卷三记载，陈慥字季常，自称龙邱先生，喜好宾客，家里养着一些歌妓。他的妻子柳氏非常厉害又爱嫉妒，所以苏轼有诗云：“龙邱居士亦可怜，谈空说有夜不眠，忽闻河东师（狮）子吼，拄杖落手心茫然。”（河东，指柳氏。师子吼，佛家比喻威严，陈慥好谈佛，苏轼借用来跟陈开玩笑。）因此后常用“河东狮吼”比喻嫉妒而又厉害的妇人，来嘲笑怕老婆的男子。
官官相护		【官官相护】guān guān xiāng hù 指剥削阶级统治下官吏互相包庇。清·刘鹗《老残游记》第五回：“纵然派个委员前来会审，‘官官相护’……你说，这官事打得赢打不赢呢？”
鬼使神差		【鬼使神差】guǐ shǐ shén chāi 使、差：派遣，指使。古人对于一些很凑巧的事情，不能科学地加以解释，就认为是鬼神在暗中指使。因此用“鬼使神差”比喻事情的发生完全出于意外。《元曲选·关汉卿〈蝴蝶梦〉四》：“也不是提鱼穿柳欢心大，也不是鬼使神差。”

回肠荡气		【回肠荡气】huí cháng dàng qì 荡：动摇。形容音乐、文辞十分婉转动人。宋玉《高唐赋》："感心动耳，回肠伤气。"
回天之力		【回天之力】huí tiān zhī lì 回天：比喻极难办到的事情。《新唐书·张玄素传》："张公论事有回天之力。"原来比喻说话正确，产生了极大的力量。现在泛指能战胜困难的巨大力量。
寸阴若岁		【寸阴若岁】cùn yīn ruò suì 寸阴：一寸光阴，日影移动一寸；岁：年。日影移动一寸就像过了一年。形容分别后想念殷切。《北史·韩禽传》："诏曰：'班师凯入，诚知非远，想思之甚，寸阴若岁。'"
浑然一体		【浑然一体】hún rán yī tǐ 浑然：混同的样子。融合成一个不可分割的整体。

荒淫无耻		【荒淫无耻】huāng yín wú chǐ 荒淫：贪酒好色。生活糜烂，不知羞耻。
大相径庭		【大相径庭】dà xiāng jìng tíng 径庭：偏激，现指相差很远。形容彼此矛盾，相去很远。语本《庄子·逍遥游》。
当行出色		【当行出色】dāng háng chū sè 当行：内行；出色：格外好。形容精通某一行的业务。明·胡震亨《唐音癸签》卷六："如老杜之入蜀，篇篇合作，语语当行，初学所当法也。"
得陇望蜀		【得陇望蜀】dé lǒng wàng shǔ 陇：古代地名，约当今甘肃省东部；蜀：古代地名，约当今四川省中西部。《后汉书·岑彭传》里说，东汉初年，隗嚣和公孙述分别占据着陇地和蜀地，刘秀派岑彭等带兵攻打隗嚣的西城和上邽两地，在给岑彭的信中说："两城若下，便可带兵南击蜀虏。人苦不知足，既平陇，复望蜀。"后来就用"得陇望蜀"比喻人贪得无厌。

礼尚往来		【礼尚往来】lǐ shàng wǎng lái 礼：礼貌，礼节；尚：重视。在礼节上重视有来有往。《礼记·曲礼上》："往而不来，非礼也；来而不往，亦非礼也。"现在也指你对我怎么样，我就对你怎么样。
卓有成效		【卓有成效】zhuó yǒu chéng xiào 卓：卓越，突出。有卓越的成绩、效果。
岌岌可危		【岌岌可危】jí jí kě wēi 岌岌：山高陡峭，就要倒下或倾覆的样子。形容极其危险。语本《孟子·万章上》："天下殆哉，岌岌乎！"
交口称誉		【交口称誉】jiāo kǒu chēng yù 大家同声称赞。唐·韩愈《昌黎先生集·柳子厚墓志铭》："诸公要人……交口荐誉之。"

灭绝人性		【灭绝人性】miè jué rén xìng 灭绝：完全丧失。完全失去了人的理性。形容极其残暴的行为。
明窗净几		【明窗净几】míng chuāng jìng jī 几：矮小的桌子。明亮的窗户，洁净的几案。形容室内整洁。宋·洪迈《夷坚志》："燕邸莱州洋川公家，装褫古今画为十册，东坡过之，因为书签，仍题其后云：高堂素壁，无舒卷之劳；明窗净几，有坐卧之安。"
名不副实		【名不副实】míng bù fù shí 副：相称，符合。空有虚名，名声和实际不一致。语出三国·魏·刘劭《人物志·效雅》。
明正典刑	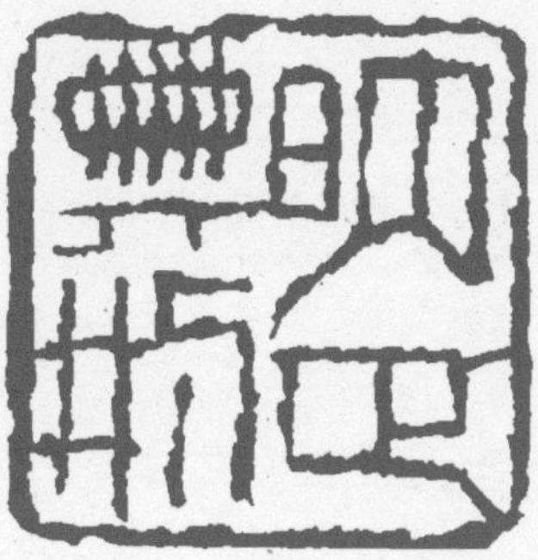	【明正典刑】míng zhèng diǎn xíng 正：端正；典刑：法律。明确地依照法律，处以死刑（旧时多用于处决犯人的公文或布告中）。《元曲选·关汉卿〈鲁斋郎〉四》："圣人大怒，即便判了斩字，将此人押赴市朝，明正典刑。"

黄粱一梦		【黄粱一梦】huáng liáng yī mèng 黄粱：小米。煮一锅小米饭的时间，做了一场好梦。比喻虚幻，一场空。唐传奇《枕中记》里说，有个卢生，在邯郸旅店遇到道士吕翁。卢自叹穷困，道士就借给他一个枕头，说枕了就会称心如意。这时店家正煮小米饭。卢生梦入枕中，享尽了一生的荣华富贵。一觉醒来，小米饭还没有熟。
老谋深算		【老谋深算】lǎo móu shēn suàn 周密地计划，深远地打算。形容人办事干练，有经验。
箕风毕雨		【箕风毕雨】jī fēng bì yǔ 箕、毕：二十八宿的两个星座名。古时认为月亮经过箕星座时风多，经过毕星座时雨多。《尚书·洪范》“庶民惟星，星有好风，星有好雨”。孔传：“箕星好风，毕星好雨。”意思是箕星好刮风，毕星爱下雨。比喻人们的好恶各有不同。后将“好”读为“好坏”之“好”，“箕风毕雨”转用为对统治者的恭维话。
梨园子弟		【梨园子弟】lí yuán zǐ dì 梨园：唐玄宗时教练歌舞艺人的地方。《旧唐书·音乐志》：“玄宗又于听政之暇，教太常乐工子弟三百人为丝竹之戏，音响齐发，有一声误，玄宗必觉而正之，号为皇帝弟子，又云梨园弟子，以置院近于禁苑之梨园。”唐·白居易《白氏长庆集·长恨歌》：“梨园弟子白发新，椒房阿监青娥老。”后来称戏曲演员为“梨园子弟”或“梨园弟子”。

卖国求荣		【卖国求荣】mài guó qiú róng 出卖国家利益，无耻地谋求个人的名利地位和权势。宋·洪迈《容斋续笔·卷六·朱温之事》：“苏循及其子楷自谓有功于梁，当不次擢用。全忠薄其为人，以其为唐鸱枭，卖国求利，勒循致仕，斥楷归田里。”
难解难分		【难解难分】nán jiě nán fēn 指在争吵或斗争中双方相持不下，难以分开。有时也形容双方关系十分亲密，不易分开。也作“难分难解”
名存实亡		【名存实亡】míng cún shí wáng 只有空名，实际已不存在。唐·韩愈《昌黎先生集·处州孔子庙碑》：“虽设博士弟子，或役于有司，名存实亡，失其所业。”
绿叶成阴		【绿叶成阴】lǜ yè chéng yīn 宋·计有功《唐诗纪事》载，杜牧尝游湖州，见一少女。十四年后，牧为湖州刺史，女已嫁生子。牧作诗云：“狂风落尽深红色，绿叶成阴子满枝。”后用来指女子出嫁生有子女。

假途灭虢

【假途灭虢】jiǎ tú miè guó 假：借；途：道路；虢：春秋时的诸侯国名，原在今宝鸡，后东迁至今三门峡。《左传·僖公五年》记载，晋国向虞国要求借路，让晋国军队过境去打虢国，虞国答应了这个要求，结果晋国在灭亡了虢国之后，回师途中把虞国也灭了。后来就用“假途灭虢”泛指托借路之名，行灭亡该国（或集团）之实的计策。

箭在弦上

【箭在弦上】jiàn zài xián shàng 常同“不得不发”连用。箭已搭在弦上，不得不发。《太平御览》五百九十七引《魏书》记载：陈琳曾替袁绍写过一篇檄文，文中辱骂了曹操的祖父和父亲。袁绍失败后，陈琳投奔曹操，曹操问陈说：“卿昔为本初移书，但可罪状孤而已，何乃上及祖父邪？”陈琳谢罪说：“箭在弦上，不得不发。”曹操爱陈琳的才华，就没再责备他。后来就用“箭在弦上”比喻事情已经到了不得不做的时候。

赴汤蹈火

【赴汤蹈火】fù tāng dǎo huǒ 赴：走向；汤：滚水；蹈：踩。即使是滚烫的水、炽热的火，也敢于去践踏。比喻不避艰险。三国·魏·嵇康《嵇中散集·与山巨源绝交书》：“长而见羁，则狂顾顿缨，赴汤蹈火。”

金枝玉叶

【金枝玉叶】jīn zhī yù yè 封建统治阶级称皇族。明·彭大翼辑《山堂肆考》：“金枝玉叶，谓王孙公子也。”

良辰美景		【良辰美景】liáng chén měi jǐng 良：美好；辰：时节。美好的时节和景物。南朝·宋·谢灵运《拟魏太子邺中集诗序》："天下良辰、美景、赏心、乐事，四者难并。"
靡靡之音		【靡靡之音】mǐ mǐ zhī yīn 靡靡：柔弱，萎靡不振，多用以形容音乐。柔弱、颓废、萎靡不振的音乐。《韩非子·十过》："此师延之所作，与纣为靡靡之乐也。"
料事如神		【料事如神】liào shì rú shén 料：料想，预料。形容预料事情非常准确。
礼贤下士		【礼贤下士】lǐ xián xià shì 礼：以敬礼对待；士：有见识和能力的人。敬重贤人，有礼貌地对待地位低的人。旧时形容封建君主或贵官重视人才。《新唐书·李勉传》："其在朝廷，鲠亮廉介，为宗臣表，礼贤下士有始终，尝引李泌、张参在幕府。"

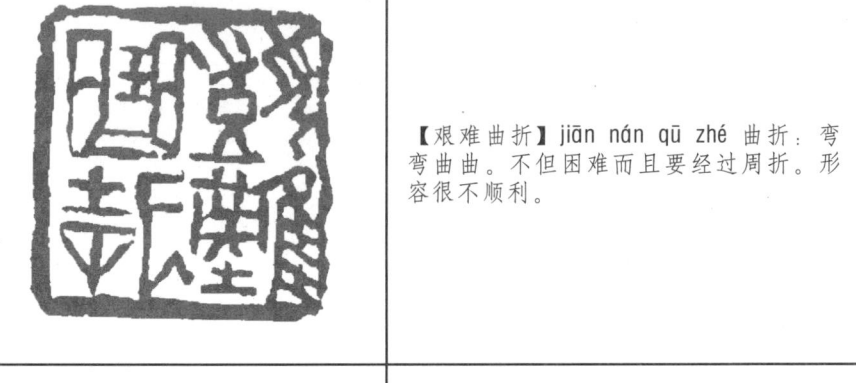

艰难曲折		【艰难曲折】jiān nán qū zhé 曲折：弯弯曲曲。不但困难而且要经过周折。形容很不顺利。
急转直下		【急转直下】jí zhuǎn zhí xià 形容情况突然转变，很快发展下去。
吉光片羽		【吉光片羽】jí guāng piàn yǔ 吉光：古代神话中的神马名；片羽：一片羽毛。《西京杂记》："武帝时西域献吉光裘，入水不濡。"（濡，沾湿。）后来用"吉光片羽"比喻残余仅存的古代文物。
吉人天相		【吉人天相】jí rén tiān xiàng 吉人：善人；相：帮助，保佑。旧时迷信的人认为好人会得到天的保佑。多用作对别人遭遇危险或困难时的安慰语。元·方回《桐江续集·老而健贫而诗自志其喜》诗："释怒恩须报，天终相吉人。"

礼轻人意重		【礼轻人意重】lǐ qīng rén yì zhòng 礼品虽很轻微，情意却很深厚。宋·黄庭坚《谢陈适用惠纸》诗："千里鹅毛意不轻。"谚语："千里送鹅毛，礼轻人意重。"
量体裁衣		【量体裁衣】liàng tǐ cái yī 比喻根据具体情况处理问题、办理事情。
迷离扑朔		【迷离扑朔】mí lí pū shuò 扑朔：指兔脚乱动；迷离：指眼睛半闭。古乐府《木兰诗》："雄兔脚扑朔，雌兔眼迷离，两兔傍地走，安能辨我是雄雌！"原指模糊不清，很难辨别是雄是雌。后来形容事情错综复杂，不易看清底细。
弥天大罪		【弥天大罪】mí tiān dà zuì 弥：满。天大的罪恶。《元曲选·无名氏〈谢金吾〉四》："纵有那弥天罪，也难赎。"

见异思迁		【见异思迁】jiàn yì sī qiān 迁：改变。看见别的事物就想改变主意。指意志不坚定，喜爱不专一。《管子·小匡》："少而习焉，其心安焉，不见异物而迁焉。"
洁身自好		【洁身自好】jié shēn zì hào 指保持自身的纯洁，不同流合污。
紧锣密鼓		【紧锣密鼓】jǐn luó mì gǔ 锣，鼓：打击乐器，常用作戏曲的前奏。锣鼓敲得紧密，比喻制造舆论，紧张地做事前准备。
间不容发		【间不容发】jiàn bù róng fà 间：空隙，隔开。距离极近，中间不能放进一根头发。比喻情势危急到了极点。《文选·枚乘〈上书谏吴王〉》："其出不出，间不容发。"（其出不出，指当其出与不出之际。）

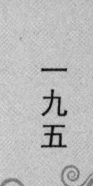

明目张胆		【明目张胆】míng mù zhāng dǎn《晋书·王敦传》："今日之事，明目张胆，为六军之首，宁忠臣而死，不无赖而生矣。"原来是指有胆识，敢作敢为。现在形容公开地、大胆地做坏事，毫无顾忌。
龙行虎步		【龙行虎步】lóng xíng hǔ bù 旧时用来形容仪态异常。《宋史·太祖纪三》："每对近臣言，太宗龙行虎步。"
眉开眼笑		【眉开眼笑】méi kāi yǎn xiào 形容高兴的样子。
明枪暗箭		【明枪暗箭】míng qiāng àn jiàn 比喻种种公开的和隐蔽的攻击。

删繁就简		【删繁就简】shān fán jiù jiǎn 删：除去；就：从，趋向。删除繁杂的，使之趋于简明、精炼。
杀人不见血		【杀人不见血】shā rén bù jiàn xiě 形容杀人的手段非常阴险毒辣，杀了人一点不露痕迹。
杀鸡吓猴		【杀鸡吓猴】shā jī xià hóu 比喻惩罚一个人来吓唬另外的许多人。
三百六十行		【三百六十行】sān bǎi liù shí háng 各种行业的总称。形容行业众多。

过屠门而大嚼		【过屠门而大嚼】guò tú mén ér dà jiáo 屠门：卖肉的地方。经过肉店时空着嘴咀嚼。比喻把空想当现实来聊以自慰。汉·桓谭《新论》："人闻长安乐，则出门而西向笑；知肉味美，则对屠门而大嚼。"
浩如烟海		【浩如烟海】hào rú yān hǎi 浩：广大，众多；烟海：茫茫大海，比喻广大繁多。形容书籍或资料多得无法计量。清·周永年《儒藏记》："或曰：'古今载籍，浩如烟海。'"
好事多磨		【好事多磨】hǎo shì duō mó 磨：阻碍，困难。一件好事情，在进行中往往要经受许多波折。元·无名氏《普天乐·离情》："繁华一撮，好事多磨。"
滚瓜烂熟		【滚瓜烂熟】gǔn guā làn shú 形容背诵得非常流利。

万人空巷		【万人空巷】wàn rén kōng xiàng 万人：形容人数极多；空巷：指街、巷的居民都走出来了。形容盛大集会或新奇事物哄动一时的情景。宋·苏轼《八月十七复登望海楼》诗："赖有明朝看潮在，万人空巷斗新妆。"
天马行空		【天马行空】tiān mǎ xíng kōng 天马：汉代西域大宛产的好马。天马在空中飞驰。元·刘廷振《萨天锡诗集序》："其所以神化而超出于众表者，殆犹天马行空而步骤不凡。"原来比喻才思奔放，任意驰骋。后也比喻浮躁不踏实。
万无一失		【万无一失】wàn wú yī shī 形容绝对不会出差错，非常有把握。《文选·枚乘〈七发〉》："万不失一。"
天经地义		【天经地义】tiān jīng dì yì 经：常道；义：正理。比喻正确的不能改变的道理，也指理所当然，不容怀疑。《左传·昭公二十五年》："天之经也，地之义也。"

丢三落四		【丢三落四】diū sān là sì 形容善忘。
鼎新革故		【鼎新革故】dǐng xīn gé gù 革：除去；鼎：更新。破除旧的，建立新的。《周易·杂卦》：“革，去故也；鼎，取新也。”也作“革故鼎新”。
雕虫小技		【雕虫小技】diāo chóng xiǎo jì 虫：指虫书，古代汉字的一种字体。比喻微不足道的技能。多指文字技巧。汉·扬雄《法言·吾子》：“或问：‘吾子少而好赋？’曰：‘然。童子雕虫篆刻。’俄而曰：‘壮夫不为也。’”
放虎自卫		【放虎自卫】fàng hǔ zì wèi 放出老虎来保卫自己。比喻想要自卫，反而招祸。《华阳国志·公孙述刘二牧》：“刘主（刘备）至巴郡。巴郡严颜叹曰：‘此所谓独坐穷山，放虎自卫者也。’”

为非作歹		【为非作歹】wéi fēi zuò dǎi 非、歹：坏事。做各种坏事。《元曲选·孟汉卿<魔合罗>三》："详察这生分女作歹为非。"
突如其来		【突如其来】tū rú qí lái 出人意料地突然来到。《周易·离》："突如其来如。"
突然袭击		【突然袭击】tū rán xí jī 袭：乘对方不防备而突然进攻。形容出其不意地进行攻击。
贪赃枉法		【贪赃枉法】tān zāng wǎng fǎ 赃：盗窃、抢劫、贪污来的财物；枉法：歪曲法令，破坏法律。贪财受贿，违法乱纪。

点石成金		【点石（铁）成金】diǎn shí (tiě) chéng jīn《列仙传》记载的一则神话故事说："许逊，南昌人。晋初为旌阳令，点石化金，以足逋赋。"宋·黄庭坚《豫章集·答洪驹父书》："老杜作诗，退之作文，无一字无来处，盖后人读书少，故谓韩杜自作此语耳。古之能为文章者，真能陶冶万物，虽取古人之陈言入于翰墨，如灵丹一粒，点铁成金也。"比喻把别人不好的文章改为好文章。
动如脱兔		【动如脱兔】dòng rú tuō tù 脱兔：逃跑的兔子。形容一行动就像逃跑了的兔子那样敏捷。《孙子·九地》："是故始如处女，敌人开户，后如脱兔，敌不及拒。"
等因奉此		【等因奉此】děng yīn fèng cǐ 旧时公文的套语，用在引述上级来文之后，接着才陈说己意。现在借用以讽刺只知照章办事而不联系实际的工作作风。
繁弦急管		【繁弦急管】fán xián jí guǎn 形容音乐演奏的复杂、热闹。宋·晏殊《珠玉词·蝶恋花》："绣幕卷波香引穗，急管繁弦，共爱人间瑞。"

水火不相容		【水火不相容】shuǐ huǒ bù xiāng róng 容：容纳。比喻事情根本对立。《汉书·郊祀志下》："《易》有八卦，乾坤六子，水火不相逮，雷风不相悖，山泽通气，然后能变化，既成万物也。"
树倒猢狲散		【树倒猢狲散】shù dǎo hú sūn sàn 猢狲：猴子。树倒了，住在树上的猴子就散开了。比喻反动集团中为首的一倒台，他的那些走狗失去了依附也就立即溃散。宋·庞元英《谈薮》记载，曹咏投靠秦桧，做上了高官。秦桧一死，曹就被贬。厉德斯派人给曹送去一封信。曹咏打开一看，乃是一篇《树倒猢狲散赋》。
昙花一现		【昙花一现】tán huā yī xiàn 昙花：印度梵语优昙钵花的简称，开放时间很短的一种花。《妙法莲华经·方便品第二》："佛告舍利弗，如是妙法，诸佛如来，时乃说之，如优昙钵花，时一现耳。"原来比喻事物难得出现。后来比喻事物一出现很快就消失。
随风转舵		【随风转舵】suí fēng zhuǎn duò 比喻跟着当时情况或趋势的变化而改变自己的态度或说法。也作"顺风转舵"、"随风使舵"。

飞短流长		【飞短流长】fēi duǎn liú cháng 长、短：指是非、善恶；飞、流：散布。指无中生有，造谣中伤。清·蒲松龄《聊斋志异·封三娘》："造言生事者，飞短流长，所不堪受。"
非同小可		【非同小可】fēi tóng xiǎo kě 小可：寻常的。不同于小事。形容事情重要或形势严重，不可轻视。《元曲选·孟俊卿〈魔合罗〉三》："萧令史，我与你说，人命事关天关地，非同小可。"也指人的学问、本领不同寻常。
独树一帜		【独树一帜】dú shù yī zhì 树：竖立；帜：旗帜。单独打起一面旗号。比喻自成一家。
豆剖瓜分		【豆剖瓜分】dòu pōu guā fēn 比喻国土分裂。（参见"瓜剖豆分"）

急来抱佛脚		【急来抱佛脚】jí lái bào fó jiǎo 比喻事到临头，才想办法。俗话说：“平时不烧香，急来抱佛脚。”宋·刘攽《刘贡父诗话》：“王丞相好嘲谑，尝曰：老欲依僧。客对曰：急则抱佛耳。丞相曰：‘投老欲依僧’是古诗。客曰：‘急则抱佛脚’，亦是俗谚。”
金口玉言		【金口玉言】jīn kǒu yù yán 封建统治阶级称皇帝讲的话。后来有时泛指说话不能改变。
溃不成军		【溃不成军】kuì bù chéng jūn 溃：崩坏。军队被打得七零八落，不成样子。形容惨败。
九牛二虎之力		【九牛二虎之力】jiǔ niú èr hǔ zhī lì 九头牛和两只老虎的力气。比喻很大的力量。

灵丹妙药		【灵丹妙药】líng dān miào yào 灵验有效的好丹药。现在比喻幻想中的能解决一切问题的好办法。
淋漓尽致		【淋漓尽致】lín lí jìn zhì 淋漓：渗透了水的样子，比喻尽情、酣畅；尽致：达到极点。形容文章、说话表达得充分、详尽，或痛快到了极点。
连篇累牍		【连篇累牍】lián piān lěi dú 累：重叠，堆积；牍：书版。形容文辞冗长。《隋书·李谔传》："连篇累牍，不出月露之形。"
玲珑剔透		【玲珑剔透】líng lóng tī tòu 玲珑：精巧。形容器物细致，孔穴明晰，结构奇巧。多指镂空的手工艺品或供玩赏的太湖石。《元曲选·无名氏〈百花亭〉二》："淹润惯熟，玲珑剔透，软款温柔。"有时也指人聪明灵活。

祸国殃民		【祸国殃民】huò guó yāng mín 使国家受害，人民遭殃。
旧瓶装新酒		【旧瓶装新酒】jiù píng zhuāng xīn jiǔ 比喻用旧的形式表现新的内容。语出《马太福音》第九章。
咎由自取		【咎由自取】jiū yóu zì qǔ 咎：罪过，灾祸。罪过、灾祸是由自己招来的。
乐不思蜀		【乐不思蜀】lè bù sī shǔ《三国志·蜀志·后主禅传》裴松之注引《汉晋春秋》说，刘禅投降司马昭以后，被带到洛阳，还是过着荒淫的生活。有一天司马昭问他："颇思蜀否？"他回答说："此间乐，不思蜀。"后来用以比喻乐而忘返或乐而忘本。

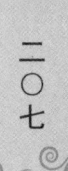

焚琴煮鹤		【焚琴煮鹤】fén qín zhǔ hè 把鹤煮了，把琴烧了。比喻鲁莽庸俗的人糟塌美好的事物。宋·胡仔《苕溪渔隐丛话》卷二十二引《西清诗话》：“义山《杂纂》，品目数十，盖以文滑稽者。其一曰杀风景，谓清泉濯足，花下晒裈，背山起楼，烧琴煮鹤。”
吊民伐罪		【吊民伐罪】diào mín fá zuì 慰问被压迫的百姓，讨伐有罪的统治者。三国·魏明帝《棹歌行》：“伐罪以吊民，清我东南疆。”
斗鸡走狗		【斗鸡走狗】dòu jī zǒu gǒu 斗鸡：使鸡打架的游戏；走狗：嗾着狗玩。旧指一些人游手好闲的无聊游戏。《史记·袁盎列传》：“盎病免居家，与闾里浮沈相随行，斗鸡走狗。”
当仁不让		【当仁不让】dāng rén bù ràng 语本《论语·卫灵公》“当仁不让于师”。后来泛用“当仁不让”表示遇到应该做的事，就要积极主动地去做，不应推诿。

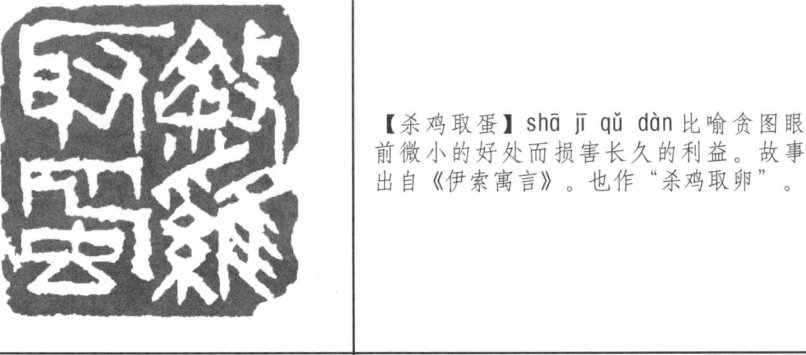

杀鸡取蛋		【杀鸡取蛋】shā jī qǔ dàn 比喻贪图眼前微小的好处而损害长久的利益。故事出自《伊索寓言》。也作“杀鸡取卵”。
善颂善祷		【善颂善祷】shàn sòng shàn dǎo 颂：颂扬；祷：祝颂。善于颂扬，善于祝颂。《礼记·檀弓下》：“晋献文子成室，晋大夫发焉。张老曰：‘美哉轮焉！美哉奂焉！歌于斯，哭于斯，聚国族于斯。’文子曰：‘武也，得歌于斯，哭于斯，聚国族于斯，是全要（腰）领以从先大夫于九京也。’北面再拜稽首。君子谓之善颂善祷。”孔颖达疏：“张老因颂寓规，故为善颂；文子闻义则服，故为善祷。”后来就用“善颂善祷”赞美能在颂扬之中隐寓规讽。
森严壁垒		【森严壁垒】sēn yán bì lěi 森严：严整不可侵犯；壁垒：古代军营的围墙。加固防御工事，严阵以待。
山珍海味		【山珍海味（错）】shān zhēn hǎi wèi (cuò) 山珍：山间出产的珍异食品；海错：指各种海味。指各种珍贵食品。唐·韦应物《韦刺史诗集·长安道》诗：“山珍海错弃藩篱，烹犊炮羔如折葵。”

刮目相看		【刮目相看】guā mù xiāng kàn 刮目：擦眼睛，指去掉过去的看法；看：看待，对待。《三国志·吴志·吕蒙传》注引《江表传》：“士别三日，即更刮目相待。”意思是离别三天后，就应该去掉老眼光来看他。指别人已有显著的进步，不能再用老眼光来看待。
归根结底		【归根结底（蒂）】guī gēn jié dǐ (dì) 蒂：瓜果和枝茎相连的部分。归结到根本性的问题上。
害群之马		【害群之马】hài qún zhī mǎ 比喻危害集体的人。语出《庄子·徐无鬼》“夫为天下者，亦奚以异乎牧马者哉？亦去其害马者而已矣”。
鸿篇巨制		【鸿篇巨制】hóng piān jù zhì 鸿、巨：大。形容大部头的作品。

一贫如洗		【一贫如洗】yī pín rú xǐ 穷得像洗过那样的一无所有。
心有灵犀一点通		【心有灵犀一点通】xīn yǒu líng xī yī diǎn tōng 灵犀：犀牛角，过去传说犀牛是灵异的兽，它的角中有白纹直通两端。唐·李商隐《李义山诗集·无题》："身无彩凤双飞翼，心有灵犀一点通。"原来比喻恋爱着的男女心心相印。现泛用以比喻彼此的心意相通。
一字之师		【一字之师】yī zì zhī shī 改正一个字的老师。旧时有些好诗文，经旁人改正一个字因而更加完美，原作者或旁人往往称改字者为"一字之师"或"一字师"。宋·陶岳《五代史补》卷三记载，唐代诗僧齐己的《早梅》诗有"前村深雪里，昨夜数枝开"两句，郑谷认为"数枝"不能算早，就把"数枝"改为"一枝"，齐己非常佩服，当时就称郑谷为"一字师"。
气宇轩昂		【气宇轩昂】qì yǔ xuān áng 气宇：人的仪表、气概；轩昂：精神饱满、不平凡的样子。形容人精神饱满，气概不凡。

黑云压城城欲摧		【黑云压城城欲摧】hēi yún yā chéng chéng yù cuī 摧：毁坏。唐·李贺《昌谷集·雁门太守行》诗：“黑云压城城欲摧，甲光向日金鳞开。”意思是黑云压在城上，好像要把城墙摧毁似的。现在用来比喻反动势力造成的紧张局面，或反动势力一时的嚣张气焰。
防微杜渐		【防微杜渐】fáng wēi dù jiàn 微：微小，指事物的苗头；杜：杜绝，堵塞；渐：事物的开端。在坏事、坏思想、坏作风刚刚冒头的时候，就加以制止，不使其发展。宋·苏轼《论周穜擅议配享自劾札子》：“自高后至文景武宣，皆行此法，以尊宗庙，重朝庭，防微杜渐，盖有深意。”
非我族类，其心必异		【非我族类，其心必异】fēi wǒ zú lèi, qí xīn bì yì 族类：指同族的人。不是我们同族的人，他们的心一定同我们不一样（即不一条心）。原来表示对异族的疑忌。《左传·成公四年》：“史佚之志有之曰：‘非我族类，其心必异。’楚虽大，非吾族也，其肯字我乎？”后也用以指责那种排斥异己的宗派活动。
公正无私		【公正无私】gōng zhèng wú sī 做事公正，没有私心。《淮南子·脩备训》：“若夫尧眉八彩，九窍通洞，而公正无私，一言而万民齐。”

心潮澎湃		【心潮潮湃】xīn cháo péng pài 澎湃：波涛冲击的声音。心情像波涛冲击一样。形容心情十分激动，不能平静。
学步邯郸		【学步邯郸】xué bù hán dān 邯郸：战国时赵国的都城；学步：学习走路。《庄子·秋水》里说，燕国有个青年人到邯郸去，看见赵国人走路的姿势很好看，就跟着人家学。结果不但没学好，连自己原来的走法也忘记了，只好爬着回去。后来就用"学步邯郸"比喻模仿别人不到家，连自己原来会的东西也忘掉了。
埋头苦干		【埋头苦干】mái tóu kǔ gàn 埋头：一直低着头读书或干活。形容工作勤奋努力。
旭日东升		【旭日东升】xù rì dōng shēng 旭日：早晨的太阳。早晨的太阳刚刚从东方升起。形容充满青春活力、生气勃勃的景象。

降龙伏虎		【降龙伏虎】xiáng lóng fú hǔ 佛教故事说，一些高僧能用法力制服龙虎。《梁高僧传》卷十：“（涉公）能以秘咒咒下神龙。”《续高僧传》卷十六：“（僧稠）闻两虎交斗，咆响震岩，乃以锡杖中解，各散而去。”后来就用“降龙伏虎”形容力量强大，能够战胜一切困难。
前事不忘，后事之师		【前事不忘，后事之师】qián shì bù wàng, hòu shì zhī shī 记取过去的经验教训，可以作为以后的借鉴。《战国策·赵策一》：“前事之不忘，后事之师。”
有志竟成		【有志竟成】yǒu zhì jìng chéng 竟：终于。有志气的人，最后一定成功。《后汉书·耿弇传》：“帝（刘秀）谓弇曰：‘将军前在南阳，建此大策，常以为落落难合，有志者事竟成也。’”
扬眉吐气		【扬眉吐气】yáng méi tǔ qì 扬起眉头，吐出了胸中憋着的那口气。形容摆脱长期受压抑和欺凌的困苦处境后高兴的神态和心情。唐·李白《与韩荆州书》：“何惜阶前盈尺之地，不使白扬眉吐气，激昂青云耶？”

一箭双雕		【一箭双雕】yī jiàn shuāng diāo 雕：一种凶猛的大鸟。发一箭就射中两只雕。《北史·长孙晟传》记载，有人给长孙晟两支箭，让他把正在天上飞着抢肉的两只大雕射下来，他骑马赶去，两只雕正纠缠在一起搏斗，“遂一发双贯焉”（一箭就把两只雕穿在一起射下来了）。后来就用“一箭双雕”比喻做一件事而达到两方面的目的。
腥风血雨		【腥风血雨】xīng fēng xuè yǔ 风里都带着腥味，鲜血四溅得像下雨一样。形容屠杀的残酷。也作“血雨腥风”。
望梅止渴		【望梅止渴】wàng méi zhǐ kě 南朝·宋·刘义庆《世说新语·假谲》里说，曹操带领军队走到一个没有水的地方，兵士们渴得很。曹操骗他们说：前面有梅树林，到那里摘梅子吃，可以解渴。兵士听说有梅子可吃，口里都生出了口水，也就不那么渴了。后来就用“望梅止渴”比喻愿望无法实现，用空想来安慰自己。
风卷残云		【风卷残云】fēng juǎn cán yún 风裹走了残留的稀薄、零碎的云块。比喻一下子把残存的东西扫得精光。

道不拾遗，夜不闭户		【道(路)不拾遗，夜不闭户】dào (lù) bù shí yí, yè bù bì hù 道：路；遗：指丢失的东西；户：门。把东西丢失在路上也没有人拣去据为己有，夜里不关上门也没有人来偷盗。《战国策·秦策一》："道不拾遗，民不妄取，兵革大强，诸侯畏惧。"
丰功伟绩	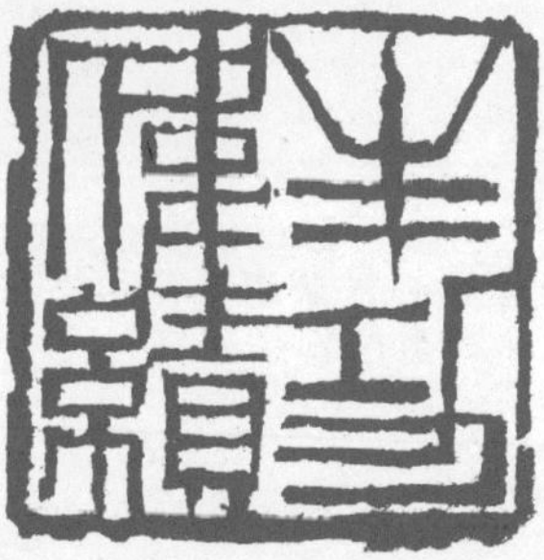	【丰功伟绩】fēng gōng wěi jì 丰：多；伟：大。伟大的功劳和业绩。
心明眼亮		【心明眼亮】xīn míng yǎn liàng 看问题很清楚，不受迷惑。
相知恨晚		【相知恨晚】xiāng zhī hèn wǎn 相知：互相了解；恨：憾。以彼此了解得太晚为憾事。形容新结交的朋友十分相得。《汉书·灌夫传》："夫亦得婴（窦婴）通列侯宗为名高，两人相为引重，其游如父子然，相得欢甚无厌，恨相知之晚。"